南京理工大学文化系列丛书
总主编 张 骏 付梦印

南理工记忆

主　编　何振才
副主编　周　荣　孙惠惠　李梦瑶
　　　　李广都　宗土增

图书在版编目（CIP）数据

南理工记忆/何振才主编．—南京：东南大学出版社，2021.5
ISBN 978-7-5641-9494-9

Ⅰ．①南… Ⅱ．①何… Ⅲ．①南京理工大学-校史 Ⅳ．①G649.28

中国版本图书馆CIP数据核字（2021）第065838号

南理工记忆
Nanligong Jiyi

主　　编	何振才
责任编辑	陈　淑
编辑邮箱	535407650@qq.com
出版发行	东南大学出版社
出 版 人	江建中
社　　址	南京市四牌楼2号（邮编：210096）
网　　址	http://www.seupress.com
印　　刷	南京艺中印务有限公司
开　　本	700 mm×1 000 mm　1/16
印　　张	18.75
字　　数	320千字
版 印 次	2021年5月第1版　2021年5月第1次印刷
书　　号	ISBN 978-7-5641-9494-9
定　　价	128元
经　　销	全国各地新华书店
发行热线	025-83790519　83791830

（本社图书若有印装质量问题，请直接与营销部联系　电话：025-83791830）

编 委 会

主　　编　何振才

副 主 编　周　荣　孙惠惠　李梦瑶
　　　　　　李广都　宗士增

顾　　问　韦志辉　吴晓蓓

主　　审　李　涛　李春宏

书名题字　王泽山

编　　委　（按姓氏笔画排序）
　　　　　　王虹铈　王裕民　井　叶　朱长林
　　　　　　朱志飞　朱建设　刘冰洁　刘　琳
　　　　　　李　莹　陈亚玲　陈雅萱　季卫兵
　　　　　　周　琳　赵　刚　胡　伟　唐　炜
　　　　　　崔　聪　葛万年　蔡　芸

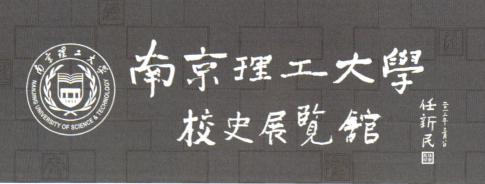

中国科学院院士、两弹一星元勋任新民为"南京理工大学校史展览馆"题名

校风：

**团结 献身
求是 创新**

团结：是包容，是协作，是团队合作的凝聚力量
献身：是奉献，是追求，是执着进取的精神境界
求是：是探索，是求真，是理性务实的科学素养
创新：是批判，是创造，是成就进步的不竭源泉

校训：

**进德修业
志道鼎新**

《周易·乾》：子曰："君子进德修业，忠信，所以进德也，修辞立其诚，所以居业也"。
《论语·述而》：志于道、据于德、依于仁、游于艺。
《周易·杂卦》：革，去故也，鼎，取新也。

办学理念：

以人为本　厚德博学

善之本在教，教之本在师：以教师为本，以学生为中心，致力于人的全面发展。
《周易·坤》：地势坤，君子以厚德载物。
《礼记·中庸》：博学之，审问之，慎思之，明辨之，笃行之。

南京理工大学历史沿革

```
                  1953年9月-1960年6月    中央军委
                  中国人民解放军军事工程学院炮兵工程系
                  哈尔滨
                            ↓
1962年1月              1960年6月-1965年6月    军委炮兵           1956年2月-1960年6月    军委总军械部
步兵兵器专业调往后勤工程学院、《  中国人民解放军炮兵工程学院            《  中国人民解放军武昌高级机械技术学校
军械勤务系调往后勤学院      武汉（1962年9月迁至南京）                  武汉
                            ↓
                  1965年7月-1966年3月    国防科委
                  中国人民解放军炮兵工程学院
                  南京
                            ↓
                  1966年4月-1969年12月    国防科委
                  华东工程学院
                  南京
                            ↓
1971年8月              1970年1月-1984年9月    兵器工业部           1978年8月
太原机械学院         》  华东工程学院                          《  西北工业大学
轻武器专业调入          南京                                  航空炮专业调入
                            ↓
                  1984年10月-1987年10月    兵器工业部
                  华东工学院
                  南京
                            ↓
                  1987年11月-1988年6月    机械工业委员会
                  华东工学院
                  南京
                            ↓
                  1988年7月-1990年12月    机械电子工业部
                  华东工学院
                  南京
                            ↓
                  1991年1月-1993年3月    兵器工业总公司
                  华东工学院
                  南京
                            ↓
1999年3月              1993年4月-1999年3月    兵器工业总公司
江苏省外贸学校、    》  南京理工大学
江苏省外贸职工大学并入    南京
                            ↓
                  1999年4月-2008年3月    国防科工委
                  南京理工大学
                  南京
                            ↓
                  2008年4月-    工业和信息化部
                  南京理工大学
                  南京
```

学校各时期印章

毛泽东主席为哈军工颁发的训词

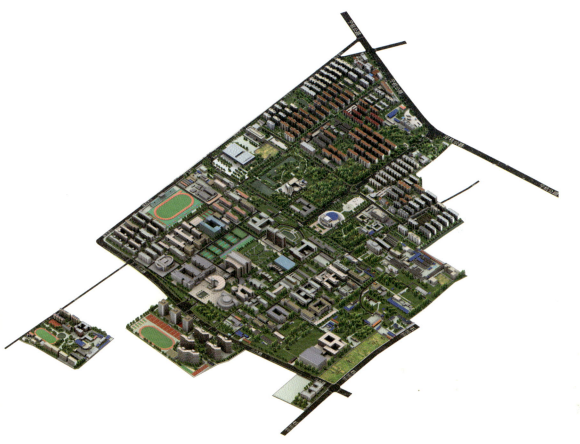

南京理工大学南京校区孝陵卫分部三维地图

南京理工大学南京校区汤山分部总体规划图

南京理工大学江阴校区整体鸟瞰图

南京理工大学盱眙校区规划图（象山分部）

南京理工大学盱眙校区规划图（天泉湖分部）

南京理工大学盱眙校区规划图（宁淮分部）

使 命

(南京理工大学校歌)

集 体 词
吴小平 曲

序

使命牢记　忆韵流芳

　　南京理工大学的前身——中国人民解放军军事工程学院（简称"哈军工"）自1953年诞生之日起，便传承着军工血脉，禀赋着军工精神，承载着强军报国的使命、辉煌与荣光。20世纪50年代，经抗美援朝一战，人民军队在战争中学习战争，实现了由单一军种向诸军兵种合成的转变，极大地促进了国防和军队现代化，同时也使党中央深刻意识到建立一所军事院校的重要性和紧迫性。正是在这样的历史背景下，哈军工因战而生，为国而立，自此肩负起"建设现代化国防与强大的国防军"的崇高使命。1960年，炮兵工程系从母体分建而成炮兵工程学院，历经数十载，延续哈军工血脉基因的南理工不负国家和民族的殷殷期望，坚守"培养杰出人才、打造国之重器"的时代使命，以"献身"为核心的南理工精神代代相传，薪火永存。

　　历史和文化的传承，必须借助一定的文化物质载体，档案无疑是最直接的历史记录。档案作为原始资料，以有形孕育无形，以物质展现精神，使历史可以触及，成为精神传承的珍贵载体。学校档案是一所学校发展的真实呈现，承载着师生的集体记忆，不仅可以追溯学校办学的悠久历史与学校文化的形成脉络，还可以通过档案的挖掘，重温学校办学初心，让我们知道"从哪里来，要到哪里去"，激励师生接续奋斗，矢志前行。

　　此书是南京理工大学从酝酿、诞生直至发展壮大的历史再现：以时间为标尺，历经哈军工炮兵工程系、炮兵工程学院、华东工程学院、华东工学院、南京理工大学等发展时期，将郁郁芳华播撒在历史的浪潮中；以空间为维度，校址历经哈尔滨、武昌、西安、南京等地，将拳拳之心扎根在中国大地。南理工校史也是整个新中国兵工教育事业发展的历史浓缩：无论外界风云变幻，一代代南理工人秉持报国之志，在动荡流离与和平安稳的年代中始终坚持潜心治学，攻坚克难，这正是所有心系新中国国防、投身军工教育事业者所走过的风雨征程。

从此书内容可以充分看出，南理工近70年的发展历程，一直紧扣国家发展的脉搏，聚焦并服务于国家重大战略需求。从最初定位于现代兵器技术人才培养的摇篮，到国防科技创新的基地，再到立志成为两化深度融合的排头兵、信息化武器装备系统的引路人和区域创新驱动发展的辐射源，南理工始终与时代同呼吸、与祖国共命运。

岁月档案，砥砺前行。经过近70年的建设和发展，学校逐渐凝练形成了以强军报国为精髓、献身精神为核心的大学文化基因，以开放共享、求是创新、担当作为为品质的文化取向，以致力于特色鲜明世界一流大学建设为追求的大学精神。这既是一代代南理工人奋斗精神的结晶，也是建设特色鲜明世界一流大学征程中的优秀文化记忆。

当前，我国已开启全面建设社会主义现代化国家新征程。进入新发展阶段，贯彻新发展理念，服务构建新发展格局，学校将善谋新局，勇开新篇，传承与弘扬军工精神，扎实推动陆海空天信融合发展，瞄准第十二次党代会绘就的宏伟蓝图，坚定不移地按照"三步走"发展战略，加紧制定实施"十四五"规划，在新的历史起点上开好局、起好步，乘风破浪，大步前行，以更加骄人的成绩续写南理工的辉煌。

辛丑年，文稿付梓之际，是为序。

校党委书记　张骏
二〇二一年四月

目 录

上篇　砥砺岁月守初心　/ 001

第一章　军事工程学院（炮兵工程系）时期（1953—1960）　/ 003

第二章　炮兵工程学院时期（1960—1966）　/ 038

第三章　华东工程学院时期（1966—1984）　/ 064

第四章　华东工学院时期（1984—1993）　/ 087

下篇　昭彰勋业担使命　/ 113

第一章　传承开拓　续创辉煌——南理工时期大事记回顾展示　/ 114

第二章　精绘蓝图　高位引领——南理工时期党代会召开概况　/ 119

第三章　巩固优势　拓展内涵——学科建设抓龙头　/ 128

第四章　服务大局　强化特色——科技发展求创新　/ 138

第五章　为党育人　为国育才——人才培养育英才　/ 160

第六章　培根铸魂　启智润心——校园文化提品位　/ 196

第七章　严管厚爱　求实争先——学生管理显爱心　/ 207

第八章　对标一流　追求卓越——师资引育聚俊彦　/ 226

第九章　博采众长　深化交流——国际合作促发展　/ 245

第十章　把稳航向　凝心聚力——党建引领把方向　/ 262

附录　/ 269

一、现任学校领导　/ 269

二、南京理工大学及其前身历任党委书记、校长　/ 270

三、部分杰出校友（2018年）　/ 276

后记　/ 283

上篇
砥砺岁月守初心

上篇　砥砺岁月守初心

第一章　军事工程学院（炮兵工程系）时期（1953—1960）

第一章

军事工程学院（炮兵工程系）时期（1953—1960）

　　1952年6月，中央人民政府人民革命军事委员会主席毛泽东签署命令，决定组建军事工程学院。命令明确学院的建院基础为西南军区第二高级步兵学校、华东军区军事科学研究室和志愿军第三兵团。在周恩来总理的关怀下，学院先后从全国各地选调一大批专家、教授，同时，经中央军委批复，学院聘请50名苏联顾问来院工作。1953年9月，军事工程学院（以下简称"哈军工"）在哈尔滨正式成立，第一期学员入学。至1959年年底，学院炮兵工程系招收7期学员。

第一节　战火催生"哈军工"

　　新中国成立不久，朝鲜战争爆发，战火烧到了鸭绿江畔。在这严峻的时刻，中共中央毅然作出了"抗美援朝、保家卫国"的战略决策，派出中国人民志愿军赴朝参战。面对美国为首的强大的多国部队，中国军队的战斗力和新中国的综合国力受到了前所未有的考验。严酷的战争现实，迫切需要新中国创办或组建一批高等军事院校，培养高层次专门人才和研制先进的武器装备，改变部队高级军事技术人才紧缺和国防科学技术落后的状况。中央决定调中

中国人民志愿军将士雄赳赳气昂昂跨过鸭绿江保家卫国

003

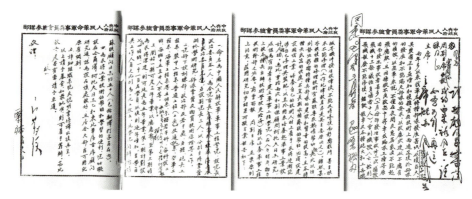

1952年3月18日，人民解放军代总参谋长聂荣臻和副总参谋长粟裕向中央军委呈送了《关于成立军事工程技术学院的报告》

国人民志愿军代司令员陈赓，筹建一所军事工程院校。于是，新中国历史上第一所军事工程技术院校——中国人民解放军军事工程学院应运而生。

1952年6月23日，中央人民政府人民革命军事委员会主席毛泽东签署了确定全国应办军事院校的番号及调整方案的命令。命令指出，军事工程学院拟设在哈尔滨，并以中国人民解放军第二高级步兵学校、华东军区军事科学研究室和中国人民志愿军三兵团部分干部为建院的组织基础，调中国人民志愿军代司令员陈赓同志负责筹建工作。1952年，毛泽东、周恩来、朱德、彭德怀在中南海怀仁堂接见陈赓并合影。

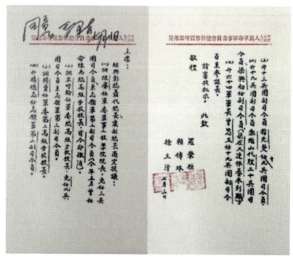

中央人民政府人民革命军事委员会主席毛泽东签发的陈赓任院长令

上篇　砥砺岁月守初心

第一章　军事工程学院（炮兵工程系）时期（1953—1960）

　　1952年8月22日，军事工程学院筹备委员会在北京成立，成员有陈赓、徐立行、张述祖、李懋之、张衍、胡翔九、黄景文、任新民、沈正功、赵子立。陈赓担任主任。

　　1953年1月30日，中央军委总政治部批准军事工程学院成立党委会。党委会由11人组成，陈赓为书记，炮兵工程系主任赵唯刚为委员之一。纪律检查委员会由9人组成，张衍为书记，贺达为副书记，炮兵工程系副主任沙克为委员之一。1953年2月21日，中央人民政府人民革命军事委员会命令规定，军事工程学院下属六个部：政治部、干部部、科学教育部、技术部、队列部和物资保障部；五个系：空军工程系（一系）、炮兵工程系（二系）、海军工程系（三系）、装甲兵工程系（四系）、工程兵工程系（五系）；一个预科总队。

军事工程学院筹备委员会主任陈赓

徐立行　　　张述祖　　　李懋之　　　张　衍

胡翔九　　黄景文　　任新民　　沈正功　　赵子立

▶ 陈赓（1903—1961）

原名陈庶康。湖南省湘乡县人。1922年加入中国共产党。1924年入黄埔军校第一期学习。毕业后留校任副队长、连长。参加了平定商团叛乱和讨伐陈炯明的东征。1926年赴苏联学习，次年回国参加南昌起义，任营长。后赴上海在中共中央机关做情报工作。土地革命战争时期，历任中国工农红军第四方面军第十二师师长、红军步兵学校校长、红军干部团团长、陕甘支队第十三大队队长、红一军团第一师师长。参加了长征。抗日战争时期，任八路军一二九师三八六旅旅长、太岳军区太岳纵队司令员。解放战争时期，任晋冀鲁豫野战军第四纵队司令员、中国人民解放军第四兵团司令员兼政治委员。中华人民共和国成立后，任西南军区副司令员兼云南军区司令员、云南省人民政府主席、中国人民志愿军第三兵团司令员兼政治委员、中国人民志愿军副司令员、中国人民解放军军事工程学院院长兼政治委员、中国人民解放军副总参谋长兼国防科委副主任、国防部副部长。第一、二届国防委员会委员，中国共产党第七届候补中央委员、第八届中央委员。1955年被授予大将军衔。

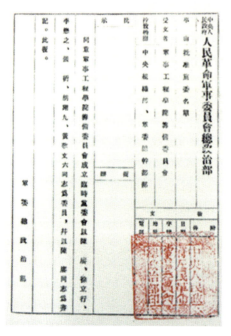

军事工程学院筹备委员会临时党委成立的文件

中国人民解放军军事工程学院关防印模

上篇 砥砺岁月守初心

第一章 军事工程学院（炮兵工程系）时期（1953—1960）

军事工程学院在北国冰城哈尔滨勘探选址

1953年4月25日，60万m²校舍建筑破土动工，并举行了开工典礼。1953年9月1日，中国人民解放军军事工程学院成立暨第一期学员开学典礼隆重举行，并举行了阅兵式，中央军委代表、国防部副部长、副总参谋长张宗逊代表中央军委给军事工程学院授八一军旗，并在大会上宣读毛主席给学院颁发的训词。周恩来、朱德、刘伯承、贺龙、罗荣桓等党政军领导题词祝贺，总参、总政、总干、总后、军事训练部、军校管理部、志愿军、各大军区、各军兵种以及有关兄弟院校发来贺电、贺信，并派代表参加开学典礼。院长兼政治委员陈赓同志庄严宣布："中国人民解放军军事工程学院——我国历史上第一所军事工程学院正式成立了。"

1953年4月25日，哈军工103工地开工典礼大会

1953年4月25日，哈军工校舍建筑工程正式破土动工

007

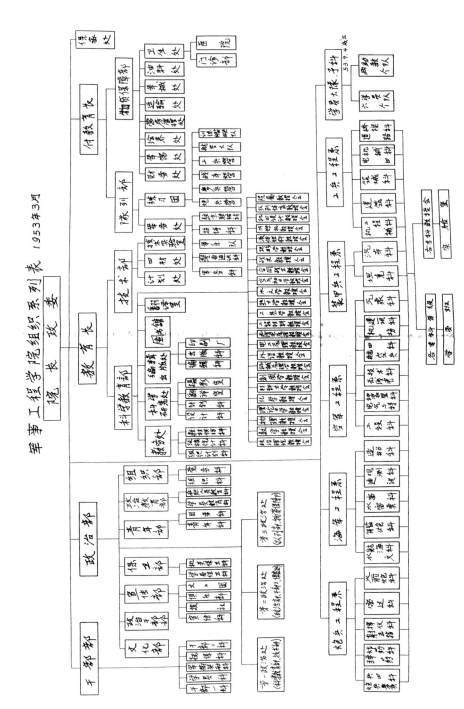

上篇　砥砺岁月守初心

第一章　军事工程学院（炮兵工程系）时期（1953—1960）

1953年9月1日，中国人民解放军军事工程学院成立暨第一期学员开学典礼隆重举行

中央军委代表、国防部副部长、副总参谋长张宗逊代表中央军委将军旗授予陈赓院长

授旗后，陈赓院长代表军事工程学院全体教职员工致词

张宗逊在大会上宣读毛主席给军事工程学院颁发的训词

军事工程学院院长兼政治委员陈赓在阅兵式上向全体受阅第一期学员行军礼

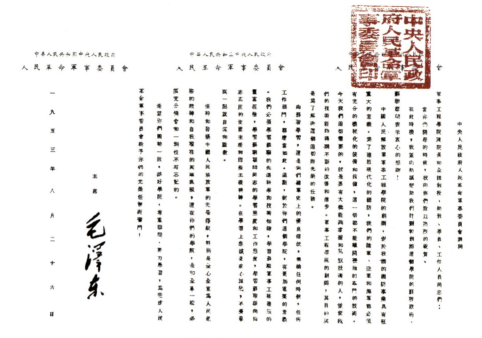

毛泽东主席给学院颁发的训词

李懋之副教育长检阅部队,并绕场一周巡礼

上篇 砥砺岁月守初心

第一章 军事工程学院（炮兵工程系）时期（1953—1960）

周恩来、朱德、刘伯承、贺龙、罗荣桓等题词

工学报创刊号

毛泽东主席为军事工程学院院报题写的报名"工学"

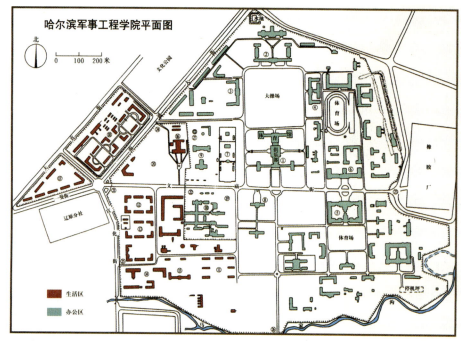

①1号楼 ②31号楼 ③51号楼 ④41号楼 ⑤11号楼 ⑥21号楼 ⑦文庙（图书馆）⑧9号楼 ⑨致知楼 ⑩王字楼 ⑪小红楼 ⑫老红楼 ⑬新红楼 ⑭育红小学 ⑮幼儿园 ⑯服务社 ⑰八一楼区 ⑱88号楼区 ⑲小树林 ⑳操场 ㉑大门（一道门）㉒二道门 ㉓东门 ㉔北门 ㉕西侧门 ㉖南门 ㉗水塔

军事工程学院平面图

军事工程学院大门

上篇　砥砺岁月守初心

第一章　军事工程学院（炮兵工程系）时期（1953—1960）

图书馆阅览室

水塔是军事工程学院最早建成的建筑之一（1953年）

1954年3月15日，哈军工开始第二期基建工程，主要任务是修建各系的教学大楼。至12月，五个系的教学大楼和部分学员宿舍、食堂、办公室基本竣工，总面积达176 000 m²。炮兵工程系（二系）的21号楼面积为33 000 m²。

炮兵工程系大楼（21号楼）——建成于1954年

楼顶标志

空军工程系大楼——11号楼

海军工程系大楼——31号楼

013

装甲兵工程系大楼——41号楼

工程兵工程系大楼——51号楼

第二节 各路英才聚军工

1952年6月，中共中央军事委员会下达毛泽东主席《关于全国军队院校调整的命令》，其中就有决定筹建的军事工程学院的相关内容。人员以中国人民解放军第二高级步兵学校、华东军区军事科学研究室和志愿军三兵团的部分干部为基础。1952年9月至1953年2月，所有选调干部陆续到达哈尔滨。

一、请调专家教授

学院创建时，在周恩来总理的关怀下，从全国高等院校、科研单位及军队选调了一大批教授、专家。

选调的部分专家、教授名单

姓名	学位	职称	学术领域	职务	调出单位
张述祖	博士	一级教授	弹道学	科学教育部部长	华东军区军事科学研究室
高步昆	博士	二级教授	建筑学	营房建筑委员会技术室主任	清华大学
卢庆骏	博士	二级教授	数学	数学教研室主任	浙江大学
周明鸂	博士	二级教授	机械学、固体力学	材料力学教研室主任	武汉大学
曹鹤荪	博士	二级教授	空气动力学	教务长	上海交通大学
陈百屏	博士	二级教授	力学、数学	高等数学教授会主任	大连工学院
刘恩兰	博士	二级教授	气象学	海道测量教研室主任	东北师范大学
李忞	博士	二级教授	电子工程、电工学		湖南大学
曾石虞	博士	二级教授	化学	化学教研室主任	同济大学
孙本旺	博士	三级教授	数学	高等数学教授会副主任	武汉大学

上篇　砥砺岁月守初心

第一章　军事工程学院（炮兵工程系）时期（1953—1960）

续表

姓名	学位	职称	学术领域	职务	调出单位
谭自烈	博士	三级教授	有机化学	化学教研室副主任	南京大学
马明德	硕士	三级教授	空气动力学	空气动力试验室主任	华东军区军事科学研究室
任新民	博士	研究员	火箭与机械	二系副主任 火箭武器教授会主任	华东军区军事科学研究室
卢寿相	博士	教授	光学	炮兵指挥仪教授会主任	西北人民科学馆
沈正功	硕士	三级教授	机械设计	技术勤务部计划处处长	中国科学院
赵国华	硕士	三级教授	数学和工程力学	机械原理教研室主任	上海交通大学
曹国惠		三级教授	机械学		清华大学
杨仲枢		三级教授	机械设计制造	机械原理与零件教授会主任	湖南大学
岳劼毅	硕士	研究员	空气动力学	空气动力学教授会主任	华东军区军事科学研究室
钟以文		研究员	火炸药学	工程兵系教授	华东军区军事科学研究室
梁守槃	博士	教授	空气动力学	102教授会主任	浙江大学
张稼益		教授	船舶动力	352动力教授会主任	厦门大学
曾承典		教授	电气工程		同济大学
潘景安	法国工程师学位	教授	弹道学		复旦大学
刘景伊	硕士	四级教授	通信工程		上海交通大学
吴守一		四级教授	机电一体化	一系118教研室副主任	广西大学
张凤岗		四级教授	机械制造	机械制造工艺教授会主任	天津大学
胡振渭		四级教授	金属与复合材料	材料燃料系副主任	清华大学
许哨子		研究员	弹药引信	弹药教授会副主任	华东军区军事科学研究室
浦发		研究员	弹道学	内弹道教授会副主任	华东军械学校
董绍庸	硕士	工程师	航空工程、发动机	技术勤务部器材处副处长	民航局
庄逢甘	博士	副研究员	力学、数学		中国科学院
朱起鹤	博士	副教授	化学热力学		北京大学
程尔康	硕士	副教授	应用力学与材料力学、热力工程学	步兵兵器科教授会副主任	重庆大学

续表

姓名	学位	职称	学术领域	职务	调出单位
龚家鹿	学士	四级副教授	体育学	体育教授会主任	华东化工学院
黄明慎	硕士	副教授	机械制图	机械制图教研室主任	清华大学
鲍廷钰		副研究员	应用化学、内弹道学	内外弹道教授代理主任	华东军区军事科学研究室
赵子立		副研究员	火药学	火炸药教授会副主任	华东军区军事科学研究室
张宇建		副研究员	应用化学		华东军区军事科学研究室
金家骏		副研究员			华东军区军事科学研究室
肖学忠	硕士	工程师	应用化学	二系副主任 火炸药教授会主任	上海开林油漆厂

1949年华东军政大学军事科学研究室成立。合影左起为：沈正功、周祖同、马明德、何乃民、钟以文、张述祖、金家骏、鲍廷钰、任新民、江潮西、岳劼毅、赵子立、张禄康

上篇　砥砺岁月守初心

第一章　军事工程学院（炮兵工程系）时期（1953—1960）

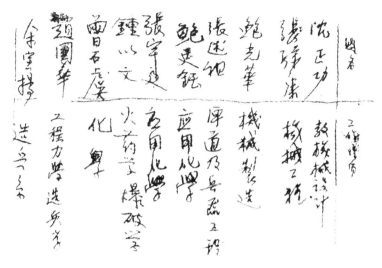

1949年夏，在张述祖家中开会的兵工专家的签到名单，后以这些人员为基础成立了华东军区军事科学研究室

1953年，陈赓院长（左二）与张衍部长（右一）接见刚入院的教授、副教授

017

二、聘请苏联顾问

1952年10月,陈赓院长向中央军委呈送《关于聘请苏联顾问问题的报告》,请求聘请50名苏联顾问到学院工作。1953年4月,苏联顾问团第一批成员8人抵京。其中,有首席顾问瓦·依·奥列霍夫、副首席兼科学教育顾问依·依·叶果洛夫、炮兵工程系主任顾问尼·比·贝日科等。

▶ **瓦·依·奥列霍夫(1902—1957)**

前苏联空军中将。1952年7月受苏联政府委派来华工作,担任中国人民解放军军事工程学院陈赓院长的顾问及苏联顾问团首席顾问,帮助制定建院方案的专家设计组组长。1917年参加了俄国十月革命,1927年加入苏联共产党,1933年入茹柯夫斯基航空学院学习,1938年毕业后在苏共中央委员会工作,1942年被任命为苏联空军干部部部长,1949年任列宁格勒莫慈斯基军事航空学院副院长,曾获两枚列宁勋章、三枚战斗红旗勋章、一枚二级库图佐夫勋章。1957年3月27日在哈尔滨辞世于工作岗位,时年55岁。

1955年10月,授衔后的陈赓大将与在学院工作的苏联专家首席顾问奥列霍夫中将(左一)、政治副首席顾问诺维克(右二)、副首席兼科学教育顾问叶果洛夫(右一)合影

上篇　砥砺岁月守初心

第一章　军事工程学院（炮兵工程系）时期（1953—1960）

全体苏联专家在图书馆前合影

三、任命与授衔

1952年12月，陈赓院长宣布中央军委的批文，任命赵唯刚为军事工程学院炮兵工程系主任；1954年6月，军事工程学院党委任命贺振新为炮兵工程系副主任，不久改任为系政委。1954年2月，中央军委任命刘居英为军事工程学院副院长。1958年1月中央军委任命谢有法为军事工程学院代理政治委员，主持学院工作。

▶ 赵唯刚（1905—1999）

曾用名赵石羽、石际民、赵国元、扎哈诺夫，1905年1月出生于辽宁省沈阳市，满族，1925年公费赴日本士官学校炮兵科留学。1927年6月加入中国共产党。回国后在东北军兵工厂为少校厂员。后任东北军模范队中校教育主任、讲武堂教官。1929年在我满洲特科做情报工作。1932年参加苏联远东红旗军司令部情报工作。1933—1934年在远东伯力炮兵学校学习。1935—1936年在莫斯科机械化学校学习。1937年被莫斯科参谋本部派至新疆考察。1938—1940年任新疆独山子石油厂厂长。1940年回莫斯科参谋本部任参谋。1941年在延安军事学院任教授，1943年任中央军委高级参谋。1945年任东北炮校教育长，1948年任东北军区司令部军训处处长。1951年在军委军训部工作，1952年12月任军事工程学院炮兵工程系主任，1959年10月任化工部第一设计院副院长；1961年10月任化工部对外联络司司长；1964年9月任化工部视察员，1978年10月任化工部规划院顾问，1982年6月离职休养。1955年被授予大校军衔。

019

▶ 贺振新（1916—1966）

江西省永新县人。1930年加入中国共产主义青年团。1933年参加中国工农红军，同年加入中国共产党。曾任红六军团第五十一团副排长，湘鄂川黔军区第二军分区干部大队分队长，游击队政治委员，独立团连指导员，干部大队政治委员，红六军团第十七师政治部组织干事，第四十九团政治处总支书记、营教导员。抗日战争时期，历任八路军一二〇师三五九旅七一七团营教导员、团政治处副主任兼宣传股股长、团政治处主任，八路军南下支队第一支队政治处主任，三五九旅七一七团政治委员。解放战争时期，任晋绥军区三五九旅政治部主任，第一野战军五师副政治委员。中华人民共和国成立后，任第一野战军师政治委员，军事工程学院炮兵工程系副主任、政治委员兼工程系军械科学研究所政治委员，炮兵工程学院副院长，炮兵科学技术研究院政治委员，新疆生产建设兵团副政治委员。1955年被授予少将军衔。

▶ 刘居英（1917—2015）

吉林省长春市人。1933年加入中国共产主义青年团，参加了一二·九运动。1936年由团转入中国共产党。土地革命战争时期，历任中共豫西特派员，中共东北特委组织委员。抗日战争时期，任山东抗日游击队第四支队一团政治委员，中共中央山东分局社会部部长，山东省政府秘书长兼公安厅厅长。解放战争时期，任长春市特别市长卫戍司令部政治委员，吉林省政府秘书长，东北民主联军吉黑支队政治委员，东满军区兵站司令员，中央军委铁道部哈尔滨、沈阳铁路局局长，东北铁路总局第一副总局长。中华人民共和国成立后，任中长铁路管理局局长，中朝联合铁道运输司令部司令员兼政治委员，解放军军事工程学院副院长、院长，中国人民解放军海军政治部主任，铁道兵副司令员。第三届全国人民代表大会代表，中国共产党第八次全国代表大会代表。1955年被授予少将军衔。

上篇　砥砺岁月守初心

第一章　军事工程学院（炮兵工程系）时期（1953—1960）

▶ 谢有法（1917—1995）

　　江西省兴国县人，1932年加入中国共产主义青年团。1933年参加中国工农红军。1936年转入中国共产党。土地革命战争时期，曾任红三军团第六师十六团二连文书，军委直属队后方政治部宣传队分队长，红军总政治部组织科统计干事。参加了长征。抗日战争时期，历任八路军政治部组织部干事，晋南军政干部学校政治处主任，八路军政治部组织部组织科副科长，第一纵队政治部组织科科长，山东纵队政治部组织部部长，山东军区政治部组织部副部长、部长。解放战争时期，任新四军兼山东军区政治部组织部副部长，津浦前线指挥部政治部主任，新四军兼山东军区政治部组织部部长，华东野战军东线兵团政治部主任，第三野战军九兵团政治部主任。中华人民共和国成立后，任中国人民志愿军第九兵团政治部主任。中国人民解放军总政治部组织部副部长，军事工程学院政治委员，中共中央基本建设政治部主任，沈阳军区副政治委员，政治学院政治委员、顾问。第六届全国人民代表大会代表。1955年被授予中将军衔。

▶ 任新民（1915—2017）

　　安徽省宁国市人，1940年重庆兵工学校大学部毕业。1952—1956年，先后担任军事工程学院筹备委员会委员、教务处副处长、火箭武器教授会主任、炮兵工程系（南京理工大学前身）副主任等职。曾任国防部五院总体室主任、液体火箭发动机设计部主任、一分院副院长兼液体火箭发动机研究所所长、七机部副部长、航天工业部科技委主任、航空航天部总工程师、中国宇航学会理事长等职。1980年当选为国际宇航科学院院士，航天技术和火箭发动机专家，是新中国第一代航天专家，中国新一代液体运载火箭、中国第一代通信卫星、中国第一代气象卫星工程的总设计师，被尊称为"总总师"。1955年被授予技术上校军衔。1999年，被授予"两弹一星"功勋奖章"。

炮兵工程系部分领导（从左至右）：任新民副主任、刘吉林副主任、贺振新政治委员

1954年1月6日，全院人员开始系统地学习党在过渡时期的总路线，图为炮兵工程系沙克副主任在讲授党在过渡时期的总路线

1955年11月25日，陈赓院长宣读国防部部长彭德怀签发的授衔命令

全体军官在静听陈赓院长宣读国防部部长彭德怀签发的授衔命令

1956年2月10日，干部、教员佩戴军衔后，接受刘居英副院长的检阅

上篇　砥砺岁月守初心

第一章　军事工程学院（炮兵工程系）时期（1953—1960）

第三节　团结献身兴教育

陈赓院长办学的经典名言："要办好军事工程学院，首先要依靠教师，不能光靠'两万五'""教授是掌勺的大师傅，我们干部是端盘子的""善之本在教，教之本在师"。几句铿锵话语，充分体现了革命家尊重知识、尊重人才的博大情怀和团结、求是的办学精神。

一、师生参与各类活动

1. 学员进行军事训练

023

2. 师生参与教学科研活动

上篇　砥砺岁月守初心

第一章　军事工程学院（炮兵工程系）时期（1953—1960）

3. 苏联顾问指导教学

苏联专家别奇民柯夫给教员讲课　　苏联专家同学院部分教授会主任共同研究编写教材

炮兵工程系领导与在该系工作的苏联专家合影　　炮兵工程系203教授会与苏联顾问合影

025

军事工程学院二系三科全体工作人员欢送苏联专家叶菲里莫夫同志归国纪念

贺振新政委(右二)、许哨子副主任(左三)、沈正功副主任(左一)等与叶菲里莫夫顾问(右一)合影

4. 其他重要活动

1956年5月,学院召开第一次党代会,副院长刘居英作报告

党代会期间,学院副政委刘有光与炮兵工程系代表交谈

炮兵工程系205教授会钱云在军事工程学院第一次党代会上发言

炮兵工程系贺振新政委在军事工程学院第二次党代会上讲话

上篇　砥砺岁月守初心

第一章　军事工程学院（炮兵工程系）时期（1953—1960）

1957年6月24日，副院长刘居英少将率17人的中国人民解放军院校参观团，先后访问了苏联、波兰、捷克斯洛伐克。图为参观团在苏联的列宁格勒（圣彼得堡）市合影。

1956年12月3日，副院长刘居英少将（前排中）等与苏联总顾问波特鲁塞夫斯基上将（前排左二）合影。后排左2为任新民教授

学院开展各类文化娱乐活动

1957年8月，松花江发生特大洪水，学院紧急动员抢修松花江江堤

027

第一期学员毕业典礼

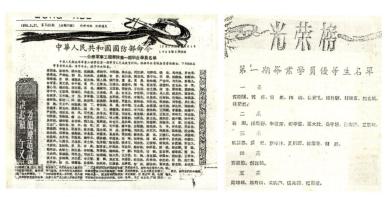

第一期毕业学员名单　　　　第一期毕业学员优等生名单

二、炮兵工程师的摇篮

1953年8月18日，哈军工本科招收954名新生。分到炮兵工程系的共180名，所分专业情况：炮兵兵器、炮兵仪器两个专业各40名，步兵兵器、炮兵弹药、火药与炸药、炮兵雷达、火箭兵器5个专业各20名，于9月1日正式开学上课。

上篇　砥砺岁月守初心

第一章　军事工程学院（炮兵工程系）时期（1953—1960）

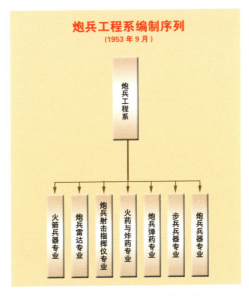

炮兵工程系1953年编制序列

第一期预科学员举行隆重的入伍宣誓大会

预科学员满怀激情地宣读入伍誓词

炮兵工程系各专科学生管理负责人（1956年以前）

专科名称	主要负责人
炮兵兵器、步兵兵器	主任　王子才
炮兵弹药、火药与炸药	主任　张玉山
炮兵仪器	主任　姚云峰
炮兵雷达	主任　张吉乡
火箭兵器	主任　赵文贤

029

炮兵工程系各专科学生管理负责人（1956—1959年）

专科名称	主要负责人
炮兵兵器	主任　王子才
步兵兵器	政委　周友智
炮兵弹药	政委　郭若林
火药与炸药	政委　纪雨滨
炮兵仪器	主任　姚云峰
雷达	主任　张吉乡
火箭	主任　赵文贤

注：1959年以后，各专科和相应教授会合并。

炮兵工程系一期学员名录

班级	姓名
211 212	罗光、李真、蔡时雨、李洪昌、闵杰、黄淼、宁静、王成科、梁绵振、刘则文、邹厚甫、沙英琦、刘龙华、郭叔辉、程明珍、俞敏士、梁汉基、李树德、周传哲、杨祚钰、刘忠亮、任敏、袁伯祥、杨留铨、程远、郑光达、戈新民
213	石淘、李伟如、宋丕极、肖辉、李应纪、何践、陈荣镐、陈大光、王正位、危克振、张时雍、王祖年、张才忠、李正繁、庚红军、宋遵吉、纪无畏、吴学询、陈彦、彭棣辉
214	陈洗、杨欣德、彭厚刚、陈际轩、汪遵善、朱铮苏、蔡松林、黄明遘、朱桂芳、赵仁笃、赵革非、俞成、邹品章、蒋名枢、申甲、吴子明
215	宋晓岚、萨白、江浩华、吕隆菊、李辉荣、张尊润、孙名振、宁治、邹尘拂、袁景照、陈舒林、梁正辉、徐冰若、金为箴、叶文德、应宁兴、刘英朴、邓川、钱叔英
216 217	桑宇垠、甘敬授、杨守忠、张树元、周继行、郭林方、杨敬群、屈大壮、白方周、杨宗威、向贤英、彭党成、杨清海、徐金镛、申立仁、万一常、董大铨、徐鸿桢、葛富权、邹晓泽、黄楷成、高崇德、莫继城、何平伟、郭祖定、郭灿章、王立、张衍铎、李中杰、梁正智、赵士云、何茞、唐传英、黄忠、王开德、王朝熹
218	刘次由、阎聪、吴鹏程、王家培、曹庆双、孙同祁、陈善清、杨怡、刘振松、陈立民、李黄河、唐一平、刘光叶、曹立达、杜永清、罗宽深、王壮勋、胡文全、方令尹、黎德恩
219	刘树华、莫仓圻、金宏猷、宋世清、周树仁、吴一正、丘光申、黄寿康、易明初、谢继光、李启炽、邢球痕、丁辉南、马宗光、刘建中、鲍弘仁、万俊华、池俊、许龙兴、袁秋帆、朱君谋、马野

上篇　砥砺岁月守初心

第一章　军事工程学院（炮兵工程系）时期（1953—1960）

炮兵工程系弹道教授会主任鲍廷钰等在讨论课程建设问题

炮兵工程系七科助教沈玲正在指导学生做实验

教员给学员们讲解"喀秋莎"火箭炮的构造

教员给学员们讲解榴弹炮的构造

教员给学员讲解100 mm高射炮的结构和性能

教员指导学员进行毕业设计

031

炮兵工程系学员在信管专业教室学习

炮兵工程系实验人员在安装超音速风洞储气瓶

实验员介绍"电机放大器随动系统"的实验

学员在学习指挥仪的使用

学员在进行弹丸稳定性射击实验

教员和学员在试制火箭发射药

上篇　砥砺岁月守初心

第一章　军事工程学院（炮兵工程系）时期（1953—1960）

炮兵工程系实验人员在进行火焰光谱分析实验

炮兵工程系学员正在进行野外作业

炮兵工程系科研小组在做实验

炮兵工程系学员进行高射炮实习

贺振新政委深入醋酐厂现场了解建设情况

炮兵工程系学员在过氯酸铵厂劳动

1958年1月，根据中央军委将化学兵部所属化学兵学校合并于军事工程学院，筹建化学兵工程系的决定，学院和防化兵部商定，在正式建系前，将化校各专业暂时并入炮兵工程系。上述两个单位并入之后，炮兵工程系便发展到了鼎盛阶段，共有9个专科12个专业。

1958年3月，军事工程学院炮兵工程系炮兵兵器专业、步兵兵器专业第一期毕业学员留影纪念

炮兵工程系教授会正、副主任及知名教授

沈正功		炮兵兵器教授会主任	程尔康	步兵兵器教授会主任
鲍廷钰		弹道教授会主任	浦发	弹道教授会副主任

上篇　砥砺岁月守初心

第一章　军事工程学院（炮兵工程系）时期（1953—1960）

许哨子		弹药教授会主任	肖学忠		火药炸药教授会主任
赵子立		火药炸药教授会副主任	卢寿楠		炮兵仪器教授会主任
朱逸农		雷达教授会副主任	任新民		火箭武器教授会主任
吴洪鳌		射击公算教授会副主任	金家骏		火箭弹教研室主任
徐世林		炮兵兵器教授会副主任	冯缵刚		炮兵仪器教授会副主任
张宇建		火药与炸药教授会教员	范柏青		炮兵战术教授会主任
晨雷		炮兵战术教授会副主任			

035

第四节　军工分建新学院

1959年11月，陈赓院长向中央军委呈送《建议调整军事工程学院的任务》的报告，1959年12月30日，中央军委办公会议专门研究哈军工的调整和分建问题，12月31日，中央军委办公会议决定，将军事工程学院的炮兵、装甲兵、工程兵三个工程系分出，分别成立炮兵工程学院、装甲兵工程学院、工程兵工程学院，同时，空军工程系、海军工程系部分专业也从学院分出并入相关院校。

陈赓院长向中央军委呈送的《建议调整军事工程学院的任务》的报告

中央军委关于组建炮兵工程学院的函

炮兵工程系迁出时间的报告

上篇　砥砺岁月守初心

第一章　军事工程学院（炮兵工程系）时期（1953—1960）

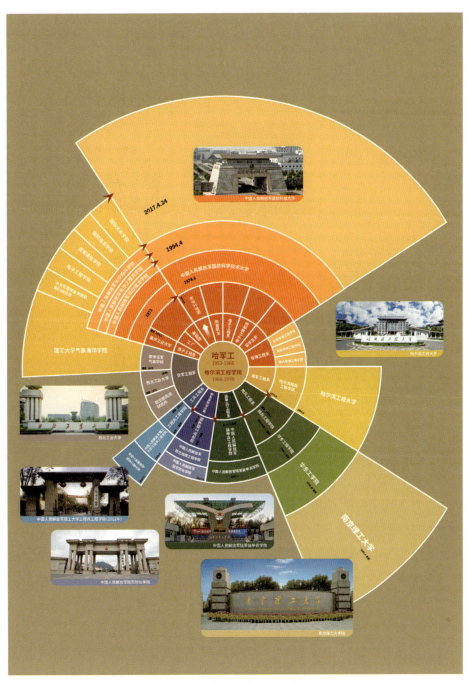

哈军工分建新学院发展沿革图

注：此图参考国防科技大学校史馆内容而绘制。

第二章

炮兵工程学院时期（1960—1966）

1960年2月，中央军委决定以武昌高级军械技术学校（简称"武高"）和军事工程学院炮兵工程系为基础组建炮兵工程学院（简称"炮工"），其建制领导属军委炮兵，编制为兵团级。并成立了以总后勤部政委李聚奎上将、炮兵司令员邱创成中将为首的筹备委员会，领导炮兵工程学院的组建工作。因武昌校区无扩建用地，筹备委员会决定选址西安，建成之前先在武昌过渡。1960年6月，军事工程学院炮兵工程系开始南迁。邱创成司令员提出炮兵工程学院要坚持"边筹建边教学"的方针。学院在历经"西安基建、武昌落脚、沈阳上课"的三地办学之后，于1962年8月开始迁址南京。在这一期间，学院招收5期学员，共计2 357人。

第一节 "炮工"初创依"武高"

1948年11月，为了做好大兵团、多兵种、长距离、高速度作战的后勤保障工作，特别是为解决部队迅速壮大和后勤保障工作对干部的需要，中国人民解放军东北野战军于当月在沈阳创办了后勤青年干部学校。1949年3月，根据中央军委的命令，东北野战军改编为中国人民解放军第四野战军，该校随即更名为第四野战军后勤青年干部学校。自1950年5月始，因部队的建制和隶属关系的变更，学校又先后经历了第四野战军后勤干部学校、中南军区后勤干部学校、中南军区后勤军械学校、中国人民解放军第四军械学校、中国人民解放军高级炮兵技术学校等历史阶段。1956年2月，根据中华人民共和国国防部的决定，学校更名为中国人民解放军武昌高级军械技术学校。学校的建制也由当初的正团、正师，提升为军级，隶属中央军委总军械部领导，主要培养部队军、师、团军械技术业务干部。

第二章 炮兵工程学院时期(1960—1966)

一、武昌高级军械技术学校的沿革

武昌高级军械技术学校沿革

时间	校名	校址	校长	政委
1948 年 12 月	东北野战军后勤青年干部学校	现辽宁省人民政府	陈沂	蒲运明
1949 年 3 月	第四野战军后勤青年干部学校	天津南开女中	蒲运明(代理)	陈沂
1949 年 3 月		天津原英租界马场道大礼堂	蒲运明(代理)	陈沂
1949 年 5 月		河南郑州		
1949 年 5 月		武汉汉口沿江大道 88 号	蒲运明(代理)	陈沂
1949 年 6 月		武汉汉口中山大道 1976 号(原三元里首义中学)	蒲运明	康伯民
1949 年 9 月			蒲运明	康伯民
1950 年 5 月	第四野战军后勤干部学校		蒲运明	康伯民
1950 年 7 月	中南军区后勤干部学校		蒲运明	康伯民
1951 年 2 月	中南军区后勤军械学校		蒲运明	康伯民
1951 年 5 月	中国人民解放军第四军械学校		孙惠畴(代理)杨立	戈明 杨廷昌
1952 年 10 月		武汉武昌张之洞路 20 号(原国民党 30 兵工厂旧址)	陈亚藩	徐青山
1953 年 8 月	中国人民解放军高级炮兵技术学校		陈亚藩	廖成美
1953 年 11 月			陈亚藩	廖成美
1954 年			贾克	廖成美
1956 年 2 月			贾克	廖成美
1958 年	中国人民解放军武昌高级军械技术学校		贾克	廖成美
1960 年 1 月			黄延卿	廖成美

陈沂　　蒲运明　　康伯民　　孙惠畴　　杨立

戈明　　杨廷昌　　陈亚藩　　徐青山

1956年2月，学校更名中国人民解放军武昌高级军械技术学校后，贾克任校长，廖成美任政治委员。1960年1月，黄延卿任校长。

▶ **贾克**（1918—2011）

河北保定市人，早年进入保定陆军军官学校，特训班一期毕业。1937年8月参加革命工作，1940年1月加入中国共产党。抗日战争初期，在延安就读陕北公学第一期、抗日军政大学第四期，后任陕北公学抗大军事教员、延安留守兵团司令部、陕甘宁晋绥五省联军司令部科长等职务。解放战争时期，任辽北、嫩江军区参谋处处长、旅参谋长、团长、四野特种兵参谋处处长、副参谋长。中华人民共和国成立后，于1950年10月参加抗美援朝，曾任志愿军炮兵指挥部副参谋长、西海岸抗敌登陆指挥部炮兵主任。1953年11月回国后，历任中国人民解放军高级炮兵技术学校（武昌高级军械技术学校）副校长、校长、炮兵技术学院副院长、五机部副总工程师、北京工业学院党委书记、八机部第三研究院党委第一书记、第七机械工业部三院党委第一书记。曾荣获二级自由独立勋章、二级解放勋章、朝鲜民主主义人民共和国二级独立勋章、二级国旗勋章、航天创业荣誉奖章。1955年被授予大校军衔。

上篇　砥砺岁月守初心
第二章　炮兵工程学院时期（1960—1966）

▶ 黄延卿（1908—1968）

湖南岳阳人，1930年参加中国工农红军，历任战士、干事、连长、营长、大队长、团特派员等。抗日战争时期，曾任八路军第三八五旅七一五团政委（政训处主任）、抗日军政大学大队指导员。解放战争时期任热西军分区副政委、第四野战军军械部副政委等，参加五次反"围剿"和长征，抗战中的齐会、陈庄战斗、百团大战以及解放战争中的三大战役。中华人民共和国成立后，任中南军区、广州军区军械部政委、部长兼政委。1960年任武昌高级军械技术学校校长。1960年6月，任炮兵工程学院副院长。1964年6月，离职休养。1955年被授予大校军衔。

二、"武高"的教学情况

1954年，根据中央军委炮兵安排，校长顾问班达连柯，邱巴洛夫、哈瓦尔金、苏士洛夫等4位苏联专家来校工作。1956年，奉命调回苏联。

轻武器系全体同志与苏联专家邱巴洛夫合影

武昌高级军械技术学校选派教师外出学习，于沈阳火车站前合影

武昌5201部队（武昌高级军械技术学校番号）三分队九小队全体成员合影（背景大门为首义路校门）

上篇　砥砺岁月守初心
第二章　炮兵工程学院时期（1960—1966）

1958年3月武昌高级军械技术学校枪械教研室全体同志留影

1958年夏季学校帮助地方进行民兵训练

1958年8月，炮击金门战斗，学校学员到前线调研武器使用和保养情况

1957年10月，国务院副总理兼国防部部长彭德怀元帅视察学校。彭德怀元帅听取了学校领导的汇报，参观了高炮系和普教系，并与教员亲切交谈，对学校设施、教学方法、教学管理、组织纪律、环境整治等深表满意。1958年4月，中共中央工作会议在汉口召开，会议期间，彭德怀、谭政、甘泗淇等领导同志视察学校，学校师生深受鼓舞。1958年，国防部副部长王树声大将来校视察，贾克校长亲自组织并带队正步通过检阅台接受检阅，受到师生高度评价。

贾克校长（中）、徐宗田副校长（右）、张尔登训练部部长（左）合影于校园

学员文化学习修业证书

上篇 砥砺岁月守初心
第二章 炮兵工程学院时期（1960—1966）

1959年7月，武昌高级军械技术学校步兵团军械专业系毕业学员留念

自 1948 年起，学校先后举办了多期各类培训班。1948 年 11 月—1950 年 5 月，东北野战军后勤青年干部学校及第四野战军后勤青年干部学校共培训三期学员 1 649 名。1951 年 1 月—1960 年，第四军械学校、高级炮兵技术学校及武昌高级军械技术学校先后共举办了 35 期全日制完成班（学制 1-2 年），培训了各类业务干部 2 862 名；5 期速成班（学制 3-6 月），轮训军械业务干部 1 993 名；1 期技术员班（学期 2 年），培训学员 293 名。此外，学校还先后为新疆代培军械干部 13 名，为越南代培军械干部 35 名。

1959 年 12 月，中央军委第 15 次办公会议决定，以武昌高级军械技术学校为基础，与中国人民解放军军事工程学院的炮兵工程系合并，组建中国人民解放军炮兵工程学院。

第二节　攻坚克难汇武昌

一、炮兵工程学院正式组建

1960 年 6 月，按照中央军委的决定，军事工程学院炮兵工程系（不含防化兵部分和军械研究所）分批南迁，与武昌高级军械技术学校合并，组建中国人民解放军炮兵工程学院。

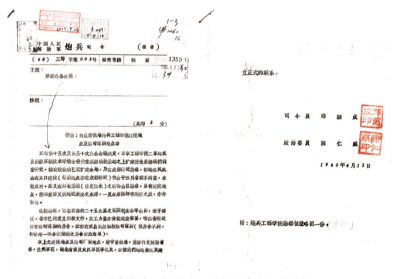

军委炮兵上报炮兵工程学院建院地点的报告

第二章 炮兵工程学院时期（1960—1966）

1960年6—7月，军事工程学院炮兵工程系师生及2 700多箱物资先后包乘专列南迁，与武昌高级军械技术学校在武昌汇合。并校人员中，军事工程学院炮兵工程系651人，武昌高级军械技术学校1 222人，沈阳高级炮兵学校3人。

1960年4月，军委炮兵党委任命孔从洲为炮兵工程学院代理党委书记，同年6月，孔从洲任炮兵工程学院院长。贺振新、黄延卿任副院长，廖成美、林胜国任副政委，徐宗田任教育长，祝榆生任副教育长，冷新华任政治部主任，曹瑛任政治部副主任。1961年5月，军委炮兵党委任命廖成美为炮兵工程学院政治委员、党委第一书记，孔从洲为党委第二书记。

学院设训练部、政治部、院务部、科研部、技术部五个部，以及兵器、弹药、火药炸药、仪器、雷达、火箭武器、军械勤务七个系。系下设炮兵兵器、步兵兵器、动力随动及稳定装置、弹丸药筒、引信、射击公算、外弹道、火药、炸药、内弹道、火工品、指挥仪器、计算机、侦察仪器、自动控制、红外线、炮瞄雷达、侦察雷达、侦察干扰、引导、电视侦察、火箭弹体、火箭发动机、火箭发射装置、飞行力学等专业。

1960年9月，炮兵工程学院领导和田径代表队全体队员合影。（第二排从右到左）冷新华政治部主任、徐宗田教育长、林胜国副政委、孔从洲院长、廖成美政委、黄延卿副院长、祝榆生副教育长、曹瑛政治部副主任

炮兵工程学院建院初期部分校领导，左起：贺振新副院长、孔从洲院长、廖成美政委

1963年，炮兵工程学院部分领导与宋时轮（原中国人民解放军总高级步兵学校校长）合影，左起：祝榆生、廖成美、宋时轮、孔从洲

▶ **孔从洲（1906—1991）**

原名孔从周。陕西省西安市人。1924年参加国民革命军。参加过北伐战争。1936年任国民革命军陕西警备第二旅旅长兼西安城防司令。抗日战争时期，曾任国民革命军第四集团军独立第四十六旅少将旅长，新编第三十五师师长，第五十五师师长。1946年任国民党陆军第三十八军中将副军长。1946年5月率部于河南巩县起义，后任西北民主联军第三十八军军长，并于同年加入中国共产党。1948年后任豫西军区副司令员、郑州市警备司令部司令员、第二野战军特种兵纵队副司令员。中华人民共和国成立后，任西南军区炮兵司令员兼第二炮兵学校校长，西南军区军械部部长，高级炮兵学校校长，炮兵工程学院院长，中国人民解放军炮兵副司令员兼炮兵科学技术研究院院长，第二、三届国防委员会委员，中国人民政治协商会议第五届全国委员会常务委员会委员，第六届全国人民代表大会常务委员会委员。1955年被授予中将军衔。

上篇 砥砺岁月守初心
第二章 炮兵工程学院时期（1960—1966）

▶ 廖成美（1916—2001）

福建省龙岩人。1935年参加中国工农红军，同年加入中国共产党。曾任闽西红军龙岩独立营连政治指导员，龙岩游击队政治委员。坚持了南方三年游击战争。抗日战争时期，历任新四军第二支队四团一营政治教导员，江北游击纵队新编第七团副团长兼政治委员，新四军第二师六旅十八团政治委员。解放战争时期，任华中野战军第十纵队六旅旅长，华东野战军第十二纵队三十四旅旅长，江淮军区三十四旅政治委员，第三野战军三十四军一〇二师政治委员。中华人民共和国成立后，任华东军区特种兵纵队政治部副主任，华东军区炮兵副政治委员，高级炮兵技术学校政治委员，炮兵工程学院副政治委员、政治委员，炮兵第五十二基地司令员，中国人民解放军第二炮兵副司令员。中国共产党第九、十次全国代表大会代表。1955年被授予少将军衔。

▶ 祝榆生（1918—2014）

1938年入延安抗大学习参加革命，曾任八路军一一五师司令部参谋、股长，山东滨海军区司令部科长，山东军大处长、副部长。战争期间根据战斗需要，创造和改进了20余种武器和战斗器材，在战斗中发挥了重要作用，1947年立大功一次。1948年1月在组织迫击炮敌前试射时，右臂被炸断。1950年出席全国战斗英雄代表会议，是中国人民解放军模范军事教育工作者。1952年后，历任解放军高级步兵学校部长，炮兵工程学院、华东工程学院副院长，第五机械工业部科学研究院副院长，兵器工业部科技委员会副主任兼秘书长，在抗日战争和解放战争中研制成功地雷、反坦克手雷及多种攻坚战斗器材。创造了坑道定距爆破法。1959年进入哈军工炮兵工程系任副主任，1960年炮兵工程系从哈军工分出成立中国人民解放军炮兵工程学院后，担任教育长、副院长等职务。1975年调五机部兵器科学研究院任副院长。1984年1月，被国防科工委任命为新型主战坦克总设计师，为新型坦克的研制工作做出了卓越贡献，2005年获"兵器工业科技发展终身成就奖"。1955年被授予二级独立自由勋章和二级解放勋章。1960年授予大校军衔。

1960年夏,学院克服重重困难,招收了400余名新生,10月8日隆重举行了开学典礼(六期是从哈军工炮兵工程系沿袭计算的)

二、学院第一次党代会召开

开幕时间:1961年5月20日

会议内容:孔从洲同志代表学院临时党委作工作报告。会议总结建院以来的各项工作,检查学院对1960年10月军委扩大会议和军委炮兵党委扩大会议决议的执行情况,讨论今后三四年内的学院建设任务,选举学院第一届党的委员会。廖成美同志代表大会主席团作总结。

目标任务:会议提出"为争取在三四年内把我院基本建成而努力",具体目标是到1964年学院建设要达到如下规模:在院学生人数4 000—5 000人,学院各级机构基本健全,教师数量与质量基本上与学院发展需要相适应,摸索出一个比较完善的教育计划。

选举结果:会议选举廖成美为党委第一书记,孔从洲为书记,贺振新为副书记。党委常委:孔从洲、冷新华、林胜国、贺振新、祝榆生、徐宗田、曹瑛、黄延卿、廖成美(按姓氏笔画排序)。

三、学院历经"三地"办学

炮兵工程学院创建初期,因武昌校区无扩建用地,以总后勤部政委李聚奎上将、炮兵司令员邱创成中将为首的筹备委员会决定选址西安,建成之前

上篇　砥砺岁月守初心

第二章　炮兵工程学院时期（1960—1966）

先在武昌过渡。但因武昌校舍有限，经军委炮兵党委研究决定，将基础课教学暂时迁至沈阳炮兵政治干部学校。邱创成司令员提出炮兵工程学院要坚持"边筹建边教学"的方针，从1960—1962年，学院经历了"西安基建、武昌落脚、沈阳上课"三地办学的艰难时期。

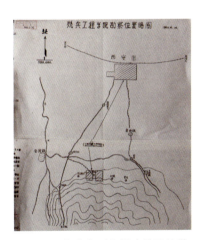

炮兵工程学院在西安拟建院址的勘探略图

沈阳炮兵政治干部学校（小河沿炮校）大门及宿舍

1961年8月1日，炮兵工程学院兵器系一科第二期毕业学员合影

炮兵工程学院60-421班合影

根据中央军委关于院校调整的指示,军械勤务系移交后勤学院,步兵兵器系步兵武器科移交后勤工程学院。

军械勤务系领导和教员讨论教学工作

第三节 "炮工"办学定南京

一、迁址南京开展教研活动

1961年,张爱萍副总参谋长到西安检查炮兵工程学院的基建工作,发现这里不符合军委建校"山、散、洞"的要求,随即停建,后选址南京。1962年8月,军委炮兵党委确定炮兵工程学院在南京办学,由此,开办两年的炮兵工程学院最终落户南京钟山南麓。1962年9月20日,炮兵工程学院全部迁至南京,结束了"三地"施训的局面,教学条件大有改善。

炮兵工程学院教学区大门

基础教学大楼

1962年61-111班合影留念

"炮口冲击波"课题科研组合影

1964年，学院进行了以下教学方面的改革：组织干部、教师赴工厂、研究所调研；组织教师推广"郭兴福教学法"开展"大比武"活动；入校学员下连当兵一年；组织干部、教师向南京航空学院等兄弟院校学习。

1962—1965年，学院先后接收了四批近130名越南留学生来院学习。

1963年炮兵工程学院61-111班学员讨论学习问题

1963年孔从洲院长和炮兵吴副部长与演职人员合影

上篇　砥砺岁月守初心
第二章　炮兵工程学院时期（1960—1966）

1964年元旦，炮兵兵器系（一系）学员参加炮兵工程学院首届文艺汇演暨1963年度篮球联赛荣获团体冠军后的合影

1964年元旦，火炸药系（三系）学员参加学院首届文艺汇演，系主任范柏青和肖学忠教授与全体同志合影

1966年春节，61-111班毕业前合影留念

炮兵工程学院 63-311班同学毕业留影

上篇　砥砺岁月守初心

第二章　炮兵工程学院时期（1960—1966）

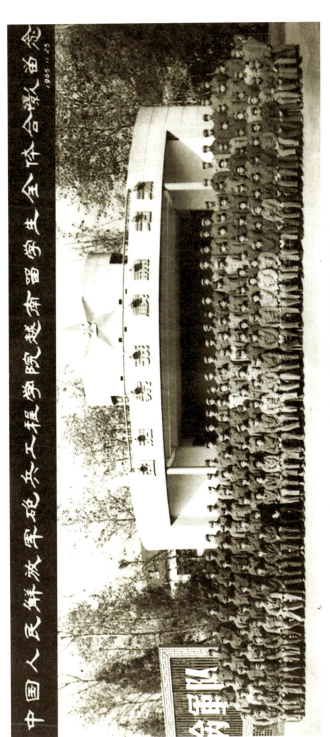

1965年11月23日，炮兵工程学院越南留学生全体合影留念

1966年3月31日,炮兵工程学院二系三教育班(六五级越南留学生)全体同志留影

1963年2月,炮兵司令员邱创成、政委陈仁麟对学院培养目标、学制、专业设置等问题作出指示,培养德智体全面发展、又红又专的国防技术人才;保留炮兵兵器(分地炮、高炮专门化)、动力传动、弹药、火箭弹、火箭发射装置、外弹道、火药、炸药、内弹道、光学仪器、指挥仪、雷达、红外仪器等13个专业,撤销和合并引信、火工品、自动控制、侦察干扰、引导、电视侦察、火箭弹体、飞行力学、侦察雷达和炮瞄雷达等专业;雷达、红外仪器、光学仪器专业的学制为6年,其余专业为5年;学员总定额为1 500人。

二、学院第二次党代会召开

开幕时间:1964年1月5日

会议内容:廖成美同志代表第一届党委作工作报告。会议认真检查与总结学院首届党代会以来的工作,研究确定今后的工作任务,选举产生学院第二届党的委员会。孔从洲同志作大会总结。

上篇 砥砺岁月守初心

第二章 炮兵工程学院时期（1960—1966）

目标任务：会议认为学院第一次党代会以来，在上级党委的领导与关怀下，高举毛泽东思想伟大旗帜，在勤俭建院和边建边学思想的指导下，各方面建设都取得了显著成绩，提出"把学院建设推向一个新阶段"的工作任务。

选举结果：会议选举廖成美为党委第一书记，孔从洲为第二书记，林胜国为监委书记。党委常委：孔从洲、齐陶、李仲麟、林胜国、祝榆生、徐宗田、廖成美。

祝榆生以"关于训练工作的几点意见"为题做大会发言

1964年7月，军委炮兵任命李仲麟为炮兵工程学院院长。

▶ 李仲麟（1920—2000）

浙江省鄞县人。1938年3月入延安抗大学习，同年7月加入中国共产党。抗日战争时期，任八路军总参谋部爆破班班长，新四军游击支队爆破教官，新四军第四师留守处副处长、军工部副部长。解放战争时期，任华中军区军工部副部长兼第二总厂厂长、军械处处长，华东军区车工部副部长、军械处处长，第三野战军军械部部长，华东军区海军技术部副部长。中华人民共和国成立后，任东北军区军械部部长，莫斯科炮兵工程学院学员，1961年7月，回国任炮兵工程学院副院长、院长，1966年4月起任华东工程学院副院长、院长兼党委书记、顾问。1979年7月，出任华东工程学院党委副书记、副院长，1981年1月，再度出任院长。1955年被授予大校军衔，1964年晋升为少将军衔。

中国共产党中国人民解放军炮兵工程学院第二届代表大会全体代表合影

三、体制变更易校名

1965年7月，学院划归国防科委领导。同年9月，根据中央军委办公厅关于炮兵工程学院改制问题的文件精神，学院集体转业，退出部队序列。

军委关于炮兵工程学院集体转业的通知

南理工记忆

中国人民解放军炮兵工程学院全体师生合影（拍摄于集体转业前一天的 1966 年 3 月 31 日）

上篇　砥砺岁月守初心
第二章　炮兵工程学院时期（1960—1966）

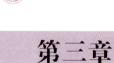

第三章

华东工程学院时期（1966—1984）

1966年4月，学院更名为华东工程学院。十年"文革"打乱了学院的正常秩序，但广大师生秉承学院的优良传统，坚守教学和科研，服务国防。学院共招收五批工农兵学员，计2 487名，先后为越南、赞比亚培养十多批留学生。院、系分别组织了多个科研分队，先后承担并完成了多项科研任务。1977年恢复高考后，学院开始正常招生，共招收7期本科生，计5 569名，6期研究生，计295名。在1978年全国科学大会上，学院有16项科研项目获奖，获奖数量居全国高校前列，为学校进一步发展奠定了坚实基础。党的十一届三中全会以后，学院的教学、科研等各项工作进入了新的发展时期。

第一节　艰难图存"文革"中

一、学院事业屡受干扰

1966年6月，学院开始停课"闹革命"。此后，学院多位领导干部和教员先后受到冲击。1966年8月，学院在各级组织中成立了"'文革'筹委会"，负责领导"文化大革命"。1968年，全院开始"清理阶级队伍"，前后有200余人被审查。1970年3月，学院组织深挖"5·16"分子运动，有500余人被怀疑，近300人被错定为"5·16"分子。

1968年9月，学院成立"革命委员会"。江苏省"革命委员会"任命齐陶为学院"革命委员会"主任。1970年11月，经中共江苏省委批准，任命齐陶为学院党的核心领导小组组长（1970.11—1973.5）。

上篇 砥砺岁月守初心
第三章 华东工程学院时期（1966—1984）

学生上街游行，庆祝华东工程学院"革命委员会"成立

1968年9月，华东工程学院"革命委员会"成立

▶ 齐陶（1919—2006）

字陶之，河北高阳人。河北育德中学毕业。1937年7月投笔从戎，参加河北游击军，任政治宣传员。1938年11月加入中国共产党。历任冀中军区第四军分区宣传干事、科长，九分区二十四团政治处主任，冀中军区宣传部副部长，华北军区第二〇五师政治部主任、政委。1959—1962年任沈阳炮兵政治干部学校校长。1962年任炮兵工程学院政治部主任，1964年7月升任副政委兼政治部主任。1966年任华东工程学院党委副书记，1968年9月任革命委员会主任、党的核心小组组长，院党委书记。1977年调国务院八机总局任领导小组成员。1955年被授予大校军衔。

二、在艰难中前行的教学工作

1971年11月，第五机械工业部《关于院校专业设置的通知（[71]机字第1381号文件）》批准，学院设置火炮、随动系统、炮弹、火箭弹、火箭发射装置、外弹道、火药、炸药、内弹道、军用光学仪器、指挥仪、雷达、军用夜视仪器、轻武器、触发引信、非触发引信、火工烟火和计算机等专业。

1971年，学院先后为内蒙古、新疆、贵州、福建等省、区开办各种专业短训班，200多人参加了学习。

1971年8月，经第五机械工业部批准，太原机械学院轻武器专业90余名专业人员调入学院。

1972年4月，第一批工农兵学员入学，至1976年共招收工农兵学员2 487人。

太原机械学院部分教师调入文件

"文革"期间部分毕业生合影

  1974年，学院先后派出41名教师到北京军区开办高射炮、光学、指挥仪、雷达短训班，为部队培养兵器维护修理人员。

  1975年3月，学院为第五机械工业部"7·21"大学举办数学、物理、电工等6个师资短训班，共培训师资238人。

  1976年5月下旬，学院党委决定成立各系专业委员会，在专业委员会领导下统一组织全院的教学。

上篇　砥砺岁月守初心
第三章　华东工程学院时期（1966—1984）

学院组织编写的部分教材

1971年10月，赞比亚军事留学生6人来学院学习。学习课程为人民军队、弹药勤务、炸药、枪械等。同年12月，结业离院。

1967—1973年，学院先后为越南培养11期留学生。

赞比亚留学生在校学习

1967年元月，华东工程学院越南留学生第二期毕业合影

1969年，越南驻华副武官阮同和越南留学生领队等凭吊雨花台烈士陵园

1969年8月，华东工程学院第十期越南留学生毕业合影

上篇 砥砺岁月守初心

第三章 华东工程学院时期（1966—1984）

1972年4月，阮同再次来院看望留学生，并与第十一期越南留学生毕业合影

三、在逆境中坚守的科研活动

1970年5月，学院组建"127"项目9人小分队，承担火箭增速规律部分的研究。

1971年3月，中国人民解放军总后勤部装备部决定由学院承担"轻武器设计理论的研究"任务。

1971—1972年，学院先后完成ZX—104型正弦机、"4021"指挥仪科研样机、"3021"混合炸药、"1041"高射炮单向400周可控硅随动系统、六分力推力偏心试验台等科研工作。

汤山试验场

1974年式地面炮兵0.5 m测距机

1975年，学院研制的 0.5 m 测距机定型，命名为 1974 年式地面炮兵 0.5 m 测距机。

1976年，学院研制的营 82 mm 无座力炮系统在白城靶场顺利完成定型试验。装备部队后，命名为 1978 年式 82 mm 无座力炮。

1978 年式 82 mm 无座力炮系统

LJY—80 型棱镜透镜干涉仪

提高 100 mm 高速滑膛炮初速研究

喷气发动机与六分力推力试验台

四、华东工程学院第三次党代会召开

开幕时间：1973 年 5 月 15 日

会议内容：总结核心领导小组成立以来的工作，讨论确定学院今后的任务，选举产生学院第三届党的委员会。

目标任务：会议全面肯定了院"革委会"成立以来在各方面取得的成绩，并提出了今后一个时期的任务。

选举结果：会议选举齐陶为学院党委书记，李奋程为副书记；党委常委：马振英、王方滋、齐陶、张尔登、吴运福、李奋程、周光照、林连章、徐尚信（按姓氏笔画排序）。

1975 年 9 月，中共江苏省委任命周伯藩为华东工程学院党委书记、"革委会"主任。1977 年 7 月，周伯藩调往南京市委工作，霍宗嶽任学院党委书记、"革委会"主任。

华东工程学院第三次党代会会场

华东工程学院第三次党代会全体代表合影

上篇　砥砺岁月守初心
第三章　华东工程学院时期（1966—1984）

▶ 周伯藩（1920—1989）

又名白帆，江苏泰兴人。1939年加入中国共产党。曾任《苏中抗敌报》编辑，苏中宣传部副部长兼黄桥市委书记。解放战争时期，任泰州县委、县团政委，华东野战军第十一纵队政治部宣教部部长，海安县委书记、县独立团政委，苏中一地委委员兼宣传部长。新中国成立后，历任泰州市委书记兼市长、苏北区党委副秘书长、江苏省委副秘书长、哈尔滨汽轮机厂厂长、上海华东电力机械公司总经理。1975—1977年，中共江苏省委任命周伯藩为华东工程学院"革命委员会"主任、党委书记。

▶ 霍宗嶽（1918—2013）

河北磁县人。河北邢台师范学校、南京军事学院政治系毕业。参加过一二·九学生运动。1938年5月任磁县人民抗日游击队教导员，9月加入中国共产党。历任八路军营教导员、独立营、团副政委、政委。解放战争时期，任晋冀鲁豫解放军第6纵队团政治处主任、第十二军团政治处主任、政委。中华人民共和国成立后，曾在南京军事学院政治系（1952—1954年）和中央党校（1980年）学习。先后任14军师政治部主任、副政委、政委。1964年转业到沈阳东北机械制造厂任党委书记。1975年任华东工程学院党委副书记、书记兼"革命委员会"主任、副院长。1960年晋升为大校军衔。

第二节　拨乱反正现生机

一、正本清源，教学科研凸显活力

（一）教学活动

1977年10月，学院恢复基础课部，撤销各专业委员会，成立兵器制造系。

1978年2月，国务院国发(78)27号文件批准教育部关于恢复和办好全国重点高等学校的报告，学院被列为全国重点院校。

1978年3月，恢复高考后77届共招收556名本科生入学。同年开始招收研究生。

华东工程学院自动控制专业 77 届（应为级）毕业留影

华东工程学院 78-221 班毕业留影

上篇　砥砺岁月守初心

第三章　华东工程学院时期（1966—1984）

　　1978年5月，经江苏省和兵器工业部批准，西北工业大学航炮专业22名教师调入学院。1978年8月，经国务院、中央军委批准，学院57名专业教师调往合肥炮兵技术学院。

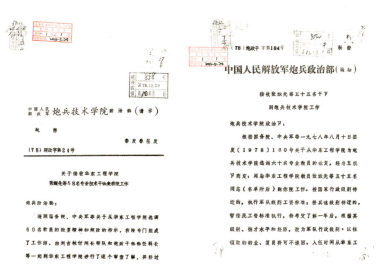

合肥炮兵技术学院关于接收华东工程学院部分教师来院工作的请示

中央军委关于从华东工程学院为炮兵技术学院选调专业教师的批复

从华东工程学院选调的57名教师到合肥炮兵技术学院报到

075

1979年8月,经国务院国防工业办公室批准,学院正式对外开放。1979年11月,计算机设计与制造、指挥仪设计与制造、随动系统设计与制造专业合并组建六系(计算机与自动控制系)。1980年4月,学院召开第三次教学工作会议,着重讨论教学体制和专业调整问题,使学院的专业设置向拓宽专业口径、增强适应性、实行军民结合和改造专业结构的方向发展。

1980年,学院召开表彰从事党的教育事业30周年的老教师大会

学院重视并加强基础课教学,迅速恢复因"文革"而被打乱的基础课的课程体系,同时积极筹建应用数学、应用力学等理科专业,着重培养基础课教师。自军事工程学院时期以来,学院积极加强师资队伍建设,一大批教员学高为师,身正为范,甘为人梯,勇于奉献,深受学生的爱戴和敬仰。

王珺教授(前排右一) 　　　　　　　　　潘承泮教授(后排左一)

上篇　砥砺岁月守初心
第三章　华东工程学院时期（1966—1984）

朱传樾教授

邹志楷教授

汪庆永教授

1980年4月，按照国防科委指示，学院设6个系、21个专业。6个系分别为：机械工程系、飞行器工程系、化学工程系、仪器系、机械制造工艺系和计算机与自动控制系。同年，为适应全党工作着重点的转移，大力培养年富力强、懂技术、会管理的企业领导干部，经第五机械工业部批准，组建企业管理系。

1983年10月，学院成立了研究生部。

（二）科研工作

1977年7月，学院召开科学报告会。党委书记周伯藩作了"树雄心、立壮志、勇攀科学技术高峰，向世界先进水平进军"的讲话。

1978年3月18日，全国科学大会在北京召开，学院获奖16项。

全国科学大会会场

学院在1978年全国科学大会上获奖情况

序号	项目名称
1	82 mm 无座力炮系统
2	62 mm 单兵火箭空炸钢珠弹
3	旋压药形罩及其对低速旋转破甲弹的威力补偿效应的研究
4	炮口制退器及炮口冲击波场的研究
5	Y4C-1 型四线超动态应变仪
6	双基推进剂嵌入轴向金属丝研究
7	LTY-80 型棱镜透镜干涉仪
8	弹道参数测量计算机
9	JQ-200 型激光全息干涉仪
10	榴弹炮兵营射击指挥仪
11	二硝基重氮酚还原母液循环使用及废水综合利用
12	TNT 碱性废水综合利用工艺
13	152 mm 加榴弹无线电引信
14	《步兵自动武器及弹药手册》
15	85 mm 高射炮
16	全自动双管 37 mm 高射炮

1978年式 82 mm 无座力炮系统

62 mm 单兵火箭空炸钢珠弹

全自动双管 37 mm 高射炮

双基推进剂嵌入轴向金属丝研究

LTY-80 型棱镜透镜干涉仪

全国科学大会奖奖状

1978年5月，江苏省召开科学大会，学院八二科研分队、101教研室、403教研室获得先进集体称号，叶周长、李凤生两位老师获"先进科技工作者"称号，"59式57 mm高炮提高射频供弹系统"等20项成果获得"优秀科学技术成果"称号。

1980年9月，学院"内弹道势平衡理论""格里菲斯裂纹问题的幂级数解法及应用举例"等12项成果荣获江苏省1979年科技成果奖。

1981年3月，第五机械工业部同意学院建立弹道研究所。该所是我国唯一研究武器系统全弹道的专业科研机构，也是我国唯一的弹道学博士学位授予点。

学院在1978年江苏省科学大会获奖情况

序号	项目名称
1	DCS 晶体管测时系统
2	舰炮自动供弹系统
3	火箭燃气流场温度压力测量及实验研究
4	59 式 57 mm 高炮提高射频供弹系统
5	炮瞄雷达训练器
6	特种武器内弹道学
7	不同形状火药的内弹道相似理论及内弹道表
8	利用改进装药方法提高滑膛炮的初速
9	ZX-104 型正弦机
10	指挥仪飞行试验与射击试验的评定
11	喷气发动机六分力推力试验台
12	多普勒效应无线电引信的命中问题
13	无线电引信模拟干扰机
14	常压法制备乙烯二硝胺的研究
15	头盔启动器
16	6118 电发火头
17	滚珠丝杠付、传动付的理论与试验研究
18	五米陆岛通用潜望镜
19	SY-2 型数字式压力计
20	JG-E1 近程对空激光测距机

1982年11月，兵器工业部于一部长视察学院，希望学院能够为兵器工业培养大批高质量的技术人才，出更多的科研成果。

1984年1月，学院陈舒林教授和李凤生老师合作完成的"双基推进剂嵌入长金属丝的技术"和"金属丝涂层和制备工艺"，分别获得国家发明三等奖。这是学院首次获得国家发明奖。

二、把握机遇，学科建设迅速发展

1981年5月，经兵器工业部学位委员会批准，成立学院学位委员会，由沈正功教授任主任。

1981年11月，经国务院学位委员会批准，通信与电子系统、信号电路系统、电磁场与微波技术、炮弹、火箭弹及导弹战斗部、引信技术、火炮与自动武器、含能材料、物理化学、弹道学、军事技术运筹学、自动控制工程、固体火箭发动机等13个专业为首批硕士学位授予专业。弹道学、含能材料、火炮与自动武器为首批博士学位授予专业。浦发、鲍廷钰、肖学忠、张宇建、于道文教授为博士生指导教师。

▶ **沈正功（1910—1995）**

辽宁辽阳人，机械工程和火炸药专家，教授。1961年12月晋升上校军衔。1979年加入中国共产党，第三届全国人大代表、第五届全国政协委员。1933年毕业于河北工业学院机械系。1937年8月入兵工学校大学部造兵系第五期（1937—1941）学习。曾参与组织"中正式"步枪研制工作，1947年获美国普渡大学机械工程硕士学位。回国后任东北大学教授。新中国成立后，历任华东军区军事科学研究室研究员、中国人民解放军军事工程学院教授、系副主任，华东工程学院教授、副院长，中国兵工学会第一届常务理事，国务院学位委员会第一届学科评议组成员。著有《机械制图》等。

▶ **鲍廷钰（1918—1998）**

江苏建湖人，内弹道学家，教授。1962年6月晋升中校军衔。1979年加入中国共产党。1940年9月入兵工学校大学部第七期（1939—1944）学习。曾任原陆军大学化学教官。新中国成立后，历任华东军区军事科学研究室副研究员，军事工程学院副教授、教授、教授会主任，华东工程学院教授、系主任。在研究中创建了一个有别于经典内弹道学的内弹道学体系，对研究管型射击武器与装药结构有指导作用。著有《内弹道学》《特种武器内弹道学》《内弹道势平衡理论及其应用》。

▶ 浦发（1917—2002）

江苏金坛人，外弹道学家，教授。1964年晋升为中校军衔。1984年加入中国共产党。1938年8月进入兵工学校军械技术科第三期（1938—1941）学习。在军事工程学院、炮兵工程学院、华东工程学院、华东工学院、南京理工大学等历任讲师、教授、教研室主任、弹道研究所副所长等职。长期从事军械技术的教学与科研工作。建立了低阻炸弹的阻力定律，编出用于投弹的通用弹道表并提出有关轰炸技术，提出弹道气功一体的弹丸优化设计方法，发明了性能特优的整体脱壳穿甲弹，首创空用脱壳穿甲弹，著有《外弹道学》。

▶ 肖学忠（1914—2008）

浙江温岭人，火炸药专家，教授。1964年2月晋升为上校军衔。1980年加入中国共产党。1937年8月进入兵工学校大学部应用化学系第五期（1937—1941）学习。1946年获美国密歇根大学研究院化工硕士学位。回国后，曾任上海中工油漆厂工程师。新中国成立后，历任上海益民油漆厂、开林油漆厂副厂长兼工程师，在军事工程学院、炮兵工程学院、华东工程学院、华东工学院、南京理工大学等历任教授、系主任，中国兵工学会理事和火炸药学会、民用爆破器材学会副主任委员。著有《炸药理论》《化学工艺学》。

▶ 张宇健（1919—1995）

湖南宁乡人，火炸药专家，教授。1964年4月晋升为中校军衔。1983年加入中国共产党。1939年9月入兵工学校大学部应用化学系第六期（1939—1944）学习。历任中央化工厂研究室和上海化工厂研究室助理工程师，华东军区军事科学研究室副研究员，军事工程学院任副教授、教授、炮兵工程学院、华东工程学院、华东工学院、南京理工大学等历任教授。长期从事含能材料的研究与教学工作。著有《猛炸药的化学工艺学》《烟火学》等。

上篇　砥砺岁月守初心

第三章　华东工程学院时期（1966—1984）

▶ **于道文（1915—2004）**

山东安丘人，轻武器专家，教授。1985年加入中国共产党，第六届全国人大代表。1936年毕业于北平中法大学物理系。1940年获法国里昂大学理学硕士学位，1941年获巴黎中央工业大学国家工程师证书。1945年回国，曾任北平工业实验所机械实验工厂厂长、华北大学工学院教授。新中国成立后，历任北京工业学院（现北京理工大学）、太原机械学院（现中北大学）教授，华东工程学院（现南京理工大学）教授、系主任，中国兵工学会轻武器学会副主任委员。长期从事自动武器的研究与教学工作。主编有《步兵自动武器及弹药设计手册》等书。

三、华东工程学院第四次党代会召开

开幕时间：1979年12月24日

会议内容：明朗同志代表上届党委作工作报告。会议讨论学院今后的工作，选举学院第四届党的委员会。

目标任务：贯彻党的十一届三中全会、四中全会的方针，按照叶副主席讲话精神，总结与林彪、"四人帮"阴谋集团作斗争的经验教训，加强党的领导和党的建设，端正认识，同心同德，实现工作着重点的转移，按教学规律办事，提高教育质量，动员全院人员为提高教学科研质量、培养又红又专的国防工业现代化高级技术人才而奋斗，力争把我院建设成为名副其实的全国重点大学。

选举结果：会议选举明朗为党委书记，霍宗岳、李仲麟、杜石生为副书记，霍宗岳为纪委书记。党委常委：冯缵刚、杜石生、李仲麟、林连章、林革、明朗、霍宗岳（按姓氏笔画排序）。

华东工程学院第四次党代会会场

明朗同志作党委工作报告

▶ 明朗（1918—2006）

陕西南郑县人，原名明吉昌。1936年12月参加红军，任红军援西军政治部宣传员。1937年入延安抗日军政大学学习。先后任八路军一二九师随营学校文化教员、政治教员、宣传科长、师政治部宣传干事，抗大六分校、八路军三八五旅、太行一分区宣教科长，中原野战军第三纵队政治部宣传部长。中华人民共和国成立后，历任川东区党委宣传部副部长、部长，四川省委宣传部副部长、部长，省"革委会"学生分配组副组长，省"革委会"政治部副主任。1979—1981年任华东工程学院党委书记兼院长。

1981年1月，中共中央组织部任命李仲麟再次担任华东工程学院院长（1981.1—1983.4）。1983年4月，经国务院批准，任命冯缵刚为华东工程学院院长（1983.4—1988.1）。1983年12月，兵器部转发中央宣传部通知，同意汪寅宾任华东工程学院党委书记（1983.12—1988.1）。

冯缵刚院长任命书

上篇　砥砺岁月守初心

第三章　华东工程学院时期（1966—1984）

1983年5月，学院领导班子调整，明朗主持大会

▶ **冯缵刚**（1927— ）

浙江德清县人，出生于上海。1948年毕业于浙江大学物理系，获理学学士学位，留校任助教兼读研究生，1950年被派往哈尔滨工业大学进修，1952年提升为讲师，1953年调入军事工程学院，先后任教研室副主任、主任、专科副主任。1960年任炮兵工程学院教研室主任、系副主任、主任。1963年5月晋升为副教授，1986年4月被评聘为教授、博士生导师。1980年5月任华东工程学院副院长，1983年1月至1988年1月任院长。曾任中国兵工学会常务理事、江苏省自动化学会副理事长、中国兵工学会荣誉理事、中国兵工学会自动控制专业委员会主任、江苏省系统工程学会理事长。1954年12月加入中国共产党，1988年当选江苏省第七届人大代表。合译出版了苏联的《普通物理习题集》、合著《随机控制》、编著《脉冲数字电路》和《自动控制系统》。

▶ **汪寅宾**（1927—2017）

湖南衡山县人。1949年入团，1950年11月加入中国共产党。1952年毕业于武汉大学机械系本科。毕业后留校任教。此后，先后在华中工学院、军事工程学院、炮兵工程学院和华东工程学院任助教、讲师，1981年任副教授。长期担任教学和行政管理工作，兼任基层党支部书记。1979年起任基础课部副部长、部长。1983年4月起任华东工程学院副院长，1983年12月至1988年1月任院党委书记。1984年当选为中共江苏省第七次代表大会代表。合著有《兵器构造》《材料力学》等。

四、华东工程学院第五次党代会召开

开幕时间：1984 年 7 月 2 日

会议内容：汪寅宾同志代表上届党委作工作报告。会议总结上届党代会以来的工作经验，讨论学院近期工作和学院远景规划，选举第五届党的委员会和纪律检查委员会。

目标任务：会议提出近 7 年总的设想：到 1990 年，要把学院办成一所以工为主，理、工、管结合，具有特色，机、电、光、化、数、理、文、管门类齐全，军民结合，结构合理的高水平全国重点国防工业院校。

选举结果：会议选举汪寅宾为党委书记，王德臣、何可人为副书记，何可人为纪委书记。党委常委：王德臣、冯缵刚、何可人、邱凤昌、汪寅宾、邹积芳、周炳秋（按姓氏笔画排序）。

华东工程学院第五次党代会会场

党代表们举手表决

汪寅宾同志作党委工作报告

何可人同志作纪委工作报告

上篇 砥砺岁月守初心
第四章 华东工学院时期（1984—1993）

第四章

华东工学院时期（1984—1993）

华东工学院时期，学院的上级主管部门先后经历了兵器工业部、机械工业委员会、机械电子工业部到兵器工业总公司的变更。学院主动适应社会主义市场经济建设的要求，紧紧抓住国家高等教育快速发展的契机，对教学、科研、管理等工作进行了一系列改革，突出了学科建设的龙头作用。学院改变过去单一为军工行业服务的格局，积极拓展服务，主动为地方经济发展服务；同时加强对外交流与合作，积极引进国外智力为学校办学服务，选派骨干教师出国培训。学院实现了以教学为中心向教学、科研两个中心的转变，办学层次得到提升，规模不断扩大，学院综合实力稳步提高。

学院招收 10 期本科学生，共计 13 696 名；10 期研究生，共计 2 074 名。

第一节 办学规模再扩大

1985 年 1 月，由学院化学工程系和核工业部 903 所联合组建的应用化学研究所成立。肖学忠教授和核工业部董海山副研究员担任所长。

1985 年 4 月，兵器工业部批准同意学院民爆室扩建为民用爆破器材研究所。该所是经国家标准和计量部门认可、认证的国家级民用爆破器材检测中心，隶属兵器工业部，承担全国民用爆破器材检测中心的工作。

1985 年 5 月，学院新建环境监测、仪表及测试系统、机械制造、电子控制与检测、工业会计、工业统计、科技情报工程等 7 个专业。

1985 年底，学院成立继续教育部、行政管理处，成立社会科学系。基础科学系分建成应用数学系、应用力学系、应用物理系、科技外语系。

兵器工业总公司北方公司（集团）总经理来金烈同志（左一）出席民用爆破器材研究所的揭牌仪式

国家民用爆破器材产品质量监督检测中心计量认证评审会

1985年10月，国家科委主任宋健（右二）视察学院

1986年4月，国家教委副主任朱开轩（左四）与学院部分领导合影

  1988年，学院先后成立地炮—火箭研究所、弹药研究所、近感技术研究所、兵器指挥、控制、通信与信息系统研究所、计算机集成制造研究所和机器人技术研究所、近代光学技术应用研究所和光电技术研究所。

地炮—火箭研究所研制的130 mm前冲炮

弹药研究所正在进行底喷弹静态试验

上篇 砥砺岁月守初心

第四章 华东工学院时期（1984—1993）

近感技术研究所进行测速雷达试验

中国专利局原局长黄坤益参观近代光学技术应用研究所，观看序列脉冲全息动态摄影仪的演示情况

院属科研机构（截至1993年）

序号	科研机构名称	批准单位	批准日期
1	火炸药工艺研究室	第五机械工业部	1976.7
2	非电量测量技术研究室	第五机械工业部	1976.7
3	烟火药剂研究室	第五机械工业部	1980.2
4	弹道研究所	第五机械工业部	1981.4
5	民用爆破器材研究所	兵器工业部	1982.10
6	计算机应用研究所	兵器工业部	1984.11
7	兵器系统分析研究室	国家机械委兵器发展司	1987.7
8	稀土科学与工程研究所	国家机械委教育局	1988.4
9	软科学研究所	江苏省教委	1988.4
10	地炮—火箭研究所	机械电子工业部	1988.5
11	弹药研究所	机械电子工业部	1988.5
12	近感技术研究所	机械电子工业部	1988.5
13	兵器指挥、控制、通信与信息系统研究所	机械电子工业部	1988.5
14	近代光学技术应用研究所	机械电子工业部	1988.6
15	机器人技术研究所	江苏省教委	1988.6
16	计算机集成制造研究所	江苏省教委	1988.6
17	光电技术研究所	江苏省教委	1988.8
18	装药技术研究所	兵器工业总公司	1993

学院本科专业发展状况

1985 年		1993 年	
系、院	本科专业（共 32 个）	系、院	本科专业（共 48 个）
机械工程系	火炮、自动武器、仪表与测试系统	机械学院	火炮与自动武器、机械设计与制造、弹药战斗部工程、引信技术、火箭武器
飞行器工程系	火箭弹、弹药与战斗部工程、引信技术		
化学工程系	固体推进剂、炸药及有机化工、火工与烟火技术、环境工程、环境监测	化工学院	化学工程、火炸药、火工与烟火技术、环境工程、环境监测、高分子化工、精细化工
电子工程系	近感引信及检测技术、电子工程、无线电技术	电子工程与光电技术学院	电子工程、应用电子技术、光电子技术、光学技术与光电仪器、检测技术及仪器仪表
光电技术系	光学仪器、光电成像技术		
自动控制系	自动控制、系统工程	信息自动化与制造工程学院	工业设计、汽车与拖拉机、机械制造工艺与设备、机械制造、计算机及应用、计算机软件、自动控制、系统工程、工业自动化、机械电子工程
计算机科学与工程系	计算机及应用、计算机软件		
机械制造系	机械制造工艺及设备、金属材料与热处理、机械制造电子控制与检测		
管理工程系	工业会计、工业统计、科技情报工程	经济管理学院	会计学、统计学、工业外贸（含双学位）、管理工程、市场营销、系统工程、科技信息
工程热物理及飞行力学系	内弹道、外弹道、工程力学、热能工程	动力工程学院	弹道工程、热能工程、电力系统及其自动化、工程力学（流体）
应用数学系	数学（师范）	理学院	数学、材料化学、科技信息、工程力学（固体）
应用物理系			
应用力学系	工程力学		
科技外语系		科技外语系	英语
社会科学系		社会科学系	社会工作、思想政治教育、人力资源原理
		材料科学与工程系	焊接工艺及设备、金属材料及热处理

第四章 华东工学院时期（1984—1993）

学院硕士、博士学位新增授予专业

时间	新增硕士学位授予专业	新增博士学位授予专业
1981年11月	通信与电子系统、电磁场与微波技术、信号电路系统、炮弹、火箭弹及导弹战斗部、引信技术、火炮与自动武器、含能材料、物理化学、弹道学、军事技术运筹学、自动控制工程、固体火箭发动机	弹道学、含能材料、火炮与自动武器
1986年7月	固体力学，流体力学，振动、冲击、噪声，计算机应用，火箭导弹发射技术，火工、烟火技术，爆炸力学（爆炸理论及应用），光电技术（光电子学），兵器火力控制系统（火力控制系统）	炮弹、火箭弹及导弹战斗部（弹药工程），引信技术，军用光学，兵器火力控制系统（火力控制系统）
1990年10月	测试计量技术及仪器，金属材料及热处理，模式识别与智能控制，环境化工，应用化学，兵器安全技术（原兵器结构与制造工程、信号电路系统两个硕士点分成机械学、机械制造、信号与信息处理、电路与系统四个硕士点）	火箭导弹发射技术，火工、烟火技术，兵器系统工程
1991年	物理电子学与光电子学、兵器系统工程	通信与电子工程、电磁场与微波技术、爆炸理论及应用
1993年	高分子材料、焊接、科技情报	模式识别与智能控制、测试计量技术及仪器

注：截止到1993年，学院共获得35个硕士学位授予专业，15个博士学位授予专业。

学院重点学科

时间	国家级重点学科	部级重点学科
1989年	火炮与自动武器 弹道学	火炮与自动武器，弹道学，含能材料，炮弹、火箭弹及导弹战斗部，军用光学，兵器火力控制系统，通信与电子系统（含信号、电路与系统），固体火箭发动机及推进剂，引信技术
1993年	火炮与自动武器 弹道学	火炮与自动武器，弹道学，火箭导弹发射技术，火箭发动机，弹药战斗部工程，引信技术，含能材料，火工、烟火技术，信号与信息处理，电路与系统，军用光学，兵器系统工程，火力控制系统

注：截止到1993年，学院共拥有国家级重点学科2个，部级重点学科13个。

第二节 开放交流促发展

学院先后多次接待国际知名学者、专家教授来院访问、讲学及合作研究。并聘请多名顾问教授、名誉教授。

中国科学院院士、上海大学校长钱伟长被学院聘为名誉教授,并作学术报告

中国科学院院士、航天工业部科学技术委员会主任任新民(左二)被学院聘为名誉教授

加拿大滑铁卢大学周雍教授(左三)受聘为学院顾问教授

上篇　砥砺岁月守初心
第四章　华东工学院时期（1984—1993）

著名科学家、德国亚琛工业大学教授汉斯·格朗尼赫（后左三）受聘为学院名誉教授

美国爱荷华大学陈景仁教授受聘为学院顾问教授，先后两次设立"陈景仁奖学金"奖励学院优秀研究生

诺贝尔化学奖获得者、美国加利福尼亚大学伯克利分校教授、美籍华裔科学家李远哲先生（前右四）应邀来院讲学

日本东京大学吉田忠雄教授来学院讲学，并被聘为学院顾问教授

093

国际知名弹道学家、美国阿伯丁靶场弹道部主任墨菲博士（中）应邀来学院讲学

外聘名誉教授（部分）

聘请时间	受聘人
1984年3月	钱伟长（中国科学院院士、上海大学校长）
1984年11月	任新民（中国科学院院士）
1985年7月	陈惠开（美国伊利诺大学电气系主任、教授）
1986年5月	田口玄一（日本青山大学教授）
1986年10月	唐敖庆（中国科学院学部委员、吉林大学校长、著名量子化学家）
1987年5月	闵建蜀（香港中文大学工商管理学院院长、中国政协委员）
1990年5月	汉斯·格朗尼赫（德国亚琛工业大学教授）
	慈云桂、王仁、任朗

外聘顾问教授（部分）

聘请时间	受聘人
1985年7月	陈景仁（美国爱荷华大学能源部主任、教授）
1985年8月	周雍（加拿大滑铁卢大学教授）
1986年5月	中村胜吾（日本丰桥技术大学教授）
1987年1月	Delisle（加拿大拉瓦尔大学教授）
1987年9月	Renbold（德国卡斯洛尔大学教授）
1988年10月	市川常雄（日本大阪工业大学教授）
1989年3月	吉田忠雄（日本东京大学教授）
1989年4月	洪友仁（美国奥克兰德大学教授）
1989年4月	冯戳云（香港大学教授）
1992年5月	田长模（台湾著名学者、台湾工业工程（IE）学会理事长）

上篇　砥砺岁月守初心

第四章　华东工学院时期（1984—1993）

学院先后聘请来自美国、加拿大等国家的多名外籍教师来院任教，同时积极选派教师出国留学，参加国际学术会议、技术考察和培训。

江苏省人民政府副省长吴锡军（中）、江苏省教委副主任葛锁网（左一）会见我院荣获教学优秀奖的外籍教师

邱凤昌副院长（前排中）接见学院聘请的外籍教师

著名火炮专家、比利时SRC公司总裁布尔先生（前右三）应邀来学院讲学，为学院引进大口径火炮作出了贡献

国际著名质量管理专家、曾获国务院颁发的外国专家友谊奖的日本青山大学教授田口玄一（中）应邀来学院讲学

学院火炮专家邱凤昌教授参加巴基斯坦防务技术研讨会并受到齐亚·哈克总统接见

学院组团赴法国格勒诺伯尔科学园进行专业技术考察

095

曲作家副院长率团访问瑞士和德国，与德国恩斯特-马赫研究所专家合影

学院领导欢送即将出国考察的优秀教师

中央慰问团亲切接见我国赴法留学人员（四排右六为我院青年教师郑亚）

上篇　砥砺岁月守初心

第四章　华东工学院时期（1984—1993）

1986年5月，学院与美国伊利诺伊大学签订校际友好合作协议。第一批美国伊利诺伊大学的10名学生来院学习；同时，学院选派两名学生赴该校学习研究生课程。

1986年11月，巴基斯坦军工代表团来学院参观访问，双方就委托代培研究生事宜交换意见。

邱凤昌副院长率团访美，与美国伊利诺伊大学签订了第一个校际合作协议

美国伊利诺伊大学的留学生来院学习并与学院教师合影

1988年10月，中国首次举办的国际弹道学术交流会在学院召开。院长李鸿志教授和艾克尔勃格博士共同担任大会主席。会议期间，举办了国际弹道测试仪器展览，学院自行研制的多种先进的弹道测试仪器参加展览。

1988年，学院成功举办国际弹道学术交流会

1989年,学院成功召开了中日国际火炸药技术及安全讨论会

1990年5月,苏联科学院化学研究所爆破专家叶廖缅科和火炸药专家伏罗洛夫(苏联燃烧学会副主席、化学研究所副主任)来学院讲学;同月,苏联奥德萨工学院马拉霍夫教授、鲍曼科夫教授、马依科副教授应邀来学院访问。

1990年,李鸿志院长会见苏联奥德萨工学院访问团

双方签订教育交流与科技合作协议

上篇　砥砺岁月守初心
第四章　华东工学院时期（1984—1993）

1990年8月，国际著名图像处理专家、日本应用物理学会主席、千叶大学过内顺平教授应邀来院访问，就全息三维显示、内窥镜显微图像处理、光干涉计量等内容进行讲学。

1992年4月，学院与法国鲁昂高等工程师学院正式签署两校间的交流与合作协议。

学院与法国鲁昂高等工程师学院签署协议

第三节　办学水平上层次

1986年7月，国务院学位委员会第三批学位授权评审中，学院新增9个硕士点、4个博士点。1990年10月，第四批学位授权评审中，学院新增6个硕士点和3个博士点。另经批准，原兵器构造与制造工程，信号、电路系统2个硕士点分成机械学、机械制造、信号与信息处理、电路与系统4个硕士点。至此，学院共有博士点10个，硕士点32个。

学院培养的第一位博士研究生宋洪昌正在进行论文答辩

博士生导师陆家鹏教授（中）与其指导的我国第一位火炮与自动武器学科博士生廖振强（右）在进行课题研究

方大纲教授正在对杨建军进行论文指导

上篇　砥砺岁月守初心

第四章　华东工学院时期（1984—1993）

魏惠之

陈舒林

陈庆生

冯缵刚

李鸿志（中）

鲍廷钰

第四批博士学位授权通信评议专家组成员

1994年以前被评为博士生指导教师人员名单

学科名称 \ 获准时间	1981年	1984年	1986年	1990年	1993年
火炮与自动武器	于道文	李鸿志	陆家鹏 张月林	朱明武	
含能材料	肖学忠 张宇建		王泽山 李福平 陈舒林		汪信 赵宝昌
弹道学	鲍廷钰 浦发		金志明 徐明友	郭锡福	汤瑞峰 周彦煌
炮弹、火箭弹及导弹战斗部			魏惠之	赵有守	
引信技术			陈庆生	张清泰	李兴国 赖百坛
军用光学			陶纯堪	张保民	贺安之 陈进榜
火力控制系统 （原兵器火力控制系统）			冯攒刚	郭治	杨成梧
爆炸理论及应用 （授权点挂靠中科院）			汤明钧		
兵器系统工程				黄志同	王执铨
火箭、导弹发射技术				张福祥	丘光中
火工、烟火技术				戴实之	王俊德
通信与电子系统 （授权点挂靠西安电子科技大学）					刘国岁
模式识别与智能控制					杨静宇
测试计量技术及仪器					闫大鹏
电磁场与微波技术 （授权点挂靠成都电子科技大学）					方大纲

注：1988年6月，经国家教委审查批准，学院具有教授、副教授任职资格的审定权。

第四节　励精图治获殊荣

1985年10月，学院共有9项科研成果获国家科学技术进步奖。其中，二等奖3项，三等奖6项。

上篇 砥砺岁月守初心

第四章 华东工学院时期（1984—1993）

线形水下聚能爆炸切割技术　　塑料导爆管非电起爆系统　　YA-16多闪光高速摄影机拍摄的膛口流场图

落锤液压动标装置　　152无线电引信高频参数测试台　　WD-1型微光电视及微光摄像管

　　1986年10月，贺安之教授等发明的"瞬态流场高速多幅干涉仪"在第二届全国发明展览会上获金奖。这是南京地区参展的29个项目中唯一获金奖的项目。学院5项参展项目中另有2项获银奖。

　　1987年4月，学院3个项目参展第十五届日内瓦国际发明与新技术展览会，2项获银奖，1项获铜奖，这是学院首次在国际发明展览会上获奖。

学院在国内外发明展览会上获得的奖牌和证书　　高效干粉泡沫灭火弹　　瞬态流场高速多幅干涉仪

103

1987年9月,在"第三届全国发明展览会"上,学院参展的5项发明中有3项获银奖、1项获铜奖。

火箭埋设锚

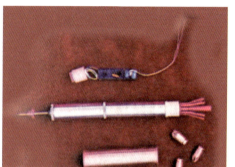

猎枪注射弹

增强型超高压传感器

匕首枪项目获国家发明奖四等奖

1987年10月,学院研制的我国第一台"QYR防爆机器人"通过了国家机械委的技术鉴定。专家认为,该项目在防爆性、经济实用性方面均达到国内先进水平,在防爆措施上有创新。

国务委员张劲夫、国家计委主任袁宝华(左三)正在观看"QYR防爆机器人"项目

上篇　砥砺岁月守初心

第四章　华东工学院时期（1984—1993）

1988年10月，北京国际发明展览会上，李鸿志等五位同志研制的"新型高速多闪光高速摄影机"获金奖；陈霞雯研制的"混合稀土铸铝合金及其制法"获铜奖。

李鸿志教授向全国人大常委会副委员长严济慈　　发明人向国家科委主任宋健介绍获奖产品
介绍"新型高速多闪光高速摄影机"项目的研
制情况

1989年4月，王俊德教授增选为美国出版的国际性学术刊物《光谱学通讯》（月刊）编委；同年7月，青年学者赵平亚博士受聘为美国《多维系统与信号处理》杂志编委。两位教师分别成为所在刊物编委会中唯一的中国专家。

1989年11月，学院王其祥副教授发明的"序列脉冲激光瞬态全息摄影仪"被中国专利局和世界知识产权组织联合会授予"中国发明创造金奖"。

1991年8月，学院"天然石材曲面薄装饰板及加工技术""聚合氯化铝净水剂及其加工工艺"在"全国专利新技术新产品军转民新成果展览交易会"上获金奖，"粉状硝铵炸药"获银奖。

1991年11月，在全国第六届发明展览会上，学院4项参展项目荣获3枚银牌，在江苏高校中名列第一。获奖项目分别是"聚合氯化铝及其制造方法""粉状硝铵炸药以及制造方法""多功能智能电量检测仪"。

多功能智能电量检测仪　　　　粉状硝铵炸药　　　　130 mm火箭炮77型练习弹

硝基胍火药　　低阻航弹阻力定律及投弹表　　微通道板综合特性与噪声测试分析仪

学院获得其他重要科技成果奖的项目

序号	项目名称	奖励名称	奖励等级	获奖时间
1	双基推进剂嵌入长金属丝技术	国家发明奖	三等	1983 年
2	金属丝涂层及制备工艺	国家发明奖	三等	1983 年
3	KD 起爆药	国家发明奖	三等	1988 年
4	硝基胍火药	国家科技进步奖	一等	1987 年
4	硝基胍火药	兵器部科技进步奖	一等	1986 年
5	DJ-403 工程	国家科技进步奖	一等	1988 年
6	线型水下聚能爆炸切割技术	国家科技进步奖	二等	1985 年
7	塑料导爆管非电起爆系统	国家科技进步奖	二等	1985 年
8	内弹道势平衡理论及其应用	国家科技进步奖	二等	1985 年
9	SQW 雷达	国家科技进步奖	二等	1987 年
9	SQW 雷达	电子部科技进步奖	一等	1986 年
10	微光电视摄像管	国家科技进步奖	三等	1985 年
11	膛口冲击波机理	国家科技进步奖	三等	1985 年
12	落锤液压动态标定装置	国家科技进步奖	三等	1985 年
13	152 无线电引信高频参数测试台	国家科技进步奖	三等	1985 年
14	SJY 高爆速液体炸药	国家科技进步奖	三等	1985 年
15	内弹道测速雷达	国家科技进步奖	三等	1985 年
16	82-1 型地炮射击指挥模拟器	国家科技进步奖	三等	1985 年
17	低阻航弹阻力定律及投弹表	国家科技进步奖	三等	1987 年
18	MCS-052/12 微型计算机系统	五机部技术改进奖	一等	1981 年
19	130 mm 火箭炮 77 型练习弹	五机部技术改进奖	一等	1980 年
20	光学玻璃精密退火技术改进	五机部技术改进奖	一等	1982 年
21	三基发射药	兵器部科技进步奖	一等	1986 年
22	燃料空气炸药	兵器部科技进步奖	一等	1986 年
23	压力测量器材准动态技术及系统	机电部科技进步奖	一等	1989 年
24	外弹道气动力优化设计及软件	机电部科技进步奖	一等	1989 年
25	W83 系统	机电部科技进步奖	一等	1989 年
26	微通道板综合特性与噪声测试分析仪	机电部科技进步奖	一等	1989 年
27	计数抽样检查程序及表 GJB179-86	解放军科技进步奖	一等	1990 年

上篇 砥砺岁月守初心
第四章 华东工学院时期（1984—1993）

1989年9月，经国家教委、人事部、全国教育工会批准，贺安之、张玉生、李鸿志、王崇艺、金惠娟、范德银、张保民、忻将英等8位同志分别被评为全国教育系统劳动模范、全国优秀教育工作者、全国优秀教师。

贺安之　　　张玉生　　　李鸿志　　　王崇艺

金惠娟　　　范德银　　　张保民　　　忻将英

1991年6月，学院党委书记曲作家被授予全国优秀思想政治工作者称号；1992年1月，金惠娟同志当选为中共十四大正式代表；1991年12月，汪信教授被评为"全国优秀教师"；1990年11月，陆洪新同志被评为全国优秀纪检干部。

学院荣获1991年度机械电子工业部"优秀领导班子单位"称号，图为学院第六届党委常委会委员

第五节　凝聚共识绘蓝图

一、学院第六次党代会召开

1988年1月，机械工业委员会任命曲作家同志为中共华东工学院党委书记、李鸿志同志为华东工学院院长。

开幕时间：1988年6月27日

会议内容：曲作家同志代表上届党委作工作报告。会议通过关于第五届党委工作报告的决议和关于第二届纪委工作报告的决议，选举产生第六届党的委员会和第三届纪律检查委员会。

目标任务：发挥军工优势，努力向通用科技领域拓宽，在民用专业的某些方面要创造条件，形成优势，把学院建成以工为主，理工结合，机电光化相互配套、理工文经管相互渗透、结构合理的综合性理工大学，建成教学和科研两个中心的国家重点院校。

选举结果：会议选举曲作家为党委书记，何可人、周炳秋为党委副书记，邹积芳为纪委书记。党委常委：曲作家、何可人、李鸿志、邹积芳、周炳秋、赵忠令、葛锁网（按姓氏笔画排序）。

华东工学院第六次党代会会场

大会主席台

曲作家同志作党委工作报告

李鸿志同志作报告

上篇　砥砺岁月守初心
第四章　华东工学院时期（1984—1993）

▶ 曲作家（1935— ）

　　北京市人，1988年1月至1996年1月，任华东工学院党委书记、教授。1955年8月参加工作，1961年7月加入中国共产党。曾就读于军事工程学院、炮兵工程学院，毕业后，历任学院内弹道教研室助教、副主任、讲师，弹道研究所副所长兼工程热物理和飞行力学副主任、副教授，弹道研究所所长兼工程热物理和飞行力学系主任，华东工学院副院长兼民用爆破器材研究所所长等职。曾任学院党委委员、中共江苏省第八次党代会代表。先后被选聘为兵器工业部学位委员会委员、兵器工业部和北方化学工业总公司火炸药配方鉴定专家组成员、江苏省兵工学会副理事长、江苏省航空学会副理事长、全国高校知识产权研究会理事长、南京炮兵学院兼职教授。长期从事弹道学、火药装药和燃烧学的教学和科研工作，先后参加过我国多种型号兵器和特种用途发射装置的论证、预研、设计等工作。代表性论著有：《内弹道学》《火炮内弹道学》《燃烧理论基础》等。

▶ 李鸿志（1937— ）

　　天津宝坻县人，1988年1月至2000年3月任华东工学院院长、南京理工大学校长。曾就读于军事工程学院、炮兵工程学院，1978年10月入党，中国工程院院士。教授、博士生导师，著名瞬态力学专家，长期从事中间弹道学的研究。1961年炮兵工程学院毕业，历任教研室主任、系主任兼弹道研究所所长，兼任空军勤务工程学院名誉教授。国务院学位委员会"兵器科学与技术"评议组召集人，国家教委国防科学技术委员会委员、全国弹道学专业教学指导委员会主任委员，中国兵工学会常务理事，弹道学会理事长，全国博士后管委会第三届学科专家组成员，江苏省发明协会理事。江苏省第八届人大常务委员。国家级有突出贡献的中青年专家，多次被评为国家、省、市级先进工作者和劳动模范，曾获"兵器工业功勋奖""国防科工委光华科技基金特等奖"。

二、学院第七次党代会召开

开幕时间：1992年1月12日

会议内容：曲作家同志代表上届党委作工作报告，会议提出学院今后的发展目标，选举产生了第七届党的委员会。李鸿志同志就学院"八五规划和十年目标"作专题发言。

目标任务：到2000年，把学院办成宣传和捍卫马列主义、毛泽东思想的坚强阵地，坚持四项基本原则，反对资产阶级自由化，反对和平演变，维护安定团结的坚强堡垒，培养社会主义事业的建设者和接班人的重要园地；办成以工为主，理工结合、军民结合，理、经、文、管等学科配套的社会主义一流理工大学。

选举结果：会议选举曲作家为党委书记，李国荣、赵忠令为党委副书记，邹积芳为纪委书记。党委常委：曲作家、李国荣、李鸿志、苏志明、邹积芳、周炳秋、赵忠令（按姓氏笔画排序）。

华东工学院第七次党代会会场

上篇 砥砺岁月守初心

第四章 华东工学院时期（1984—1993）

曲作家同志作党委工作报告

李鸿志同志作专题发言

邹积芳同志作纪委工作报告

大会主席台

111

华东工学院第六次党代会全体代表合影

华东工学院第七次党代会全体参会人员合影

下篇
昭彰勋业担使命

第一章

传承开拓　续创辉煌——南理工时期大事记回顾展示

　　1993年2月，中共中央、国务院颁布《中国教育改革和发展纲要》，深刻总结了十一届三中全会之后教育改革和发展的经验，阐明了我国教育新的战略目标和指导方针。同年，正式启动"211工程"项目。2003年教育部发布《2003-2007年教育振兴行动计划》，重点推进高水平大学和重点学科建设。2010年国务院颁布《国家中长期教育改革和发展规划纲要（2010-2020年）》，高等教育改革和发展进入了新的历史时期。2015年，国务院印发《统筹推进世界一流大学和一流学科建设总体方案》，坚持"以一流为目标、以学科为基础、以绩效为杠杆、以改革为动力"的基本原则，加快建成一批世界一流大学和一流学科。面对高等教育改革发展的新形势、新任务、新要求，学校全体师生员工，正以饱满的热情、昂扬的精神、奋进的姿态，紧抓机遇、深化改革、开拓创新，努力把南京理工大学建设成为特色鲜明世界一流大学。

1993年2月，国家教委正式批复下文，同意华东工学院更名为南京理工大学。1998年9月，时任中共中央总书记江泽民为学校题写校名

下篇 昭彰勋业担使命

第一章 传承开拓 续创辉煌——南理工时期大事记回顾展示

1995年4月，学校首批进入"211工程"建设行列。1998年6月，国家发展计划委员会批复了我校"211工程"建设可行性报告，学校正式进入"211工程"国家立项建设

2004年6月，学校获批正式成立研究生院

2002年8月，国防科工委和江苏省人民政府签署协议，共同重点建设南京理工大学

2008年6月，学校正式划归工业和信息化部管理，不再隶属原国防科学技术工业委员会

2011年6月,学校成为"国家优势学科创新平台"重点建设高校,紧密围绕国家和行业发展急需的重点领域和重大需求,旨在造就一批拔尖创新人才,形成一批世界一流学科,产生一批国际领先成果,加快推进特色高水平研究型大学建设步伐

2012年10月起,学校紧抓国家实施"2011计划"的契机,培育组建了9个协同创新中心。其中获批先进发射等3个工信部协同创新中心,先进微纳米材料及装备等2个江苏高校协同创新中心,立项水中弹道等4个校级协同创新中心

下篇　昭彰勋业担使命

第一章　传承开拓　续创辉煌——南理工时期大事记回顾展示

2017年6月，学校成功入选国家第二批"大众创业万众创新示范基地"，是全国18所获批国家双创示范基地的高校之一；同年12月，学校被授予"全国高校实践育人创新创业基地"，成为全国仅有的6所获得5项创新创业类国家级荣誉的高校之一

2017年9月，教育部、财政部、发改委联合发文，学校入选世界一流学科建设高校，兵器科学与技术入选"双一流"建设学科

2018年1月，王泽山院士获得2017年度国家最高科学技术奖

117

南理工记忆

2018年4月,学校正式提出总体发展布局,打造南京主校区(孝陵卫分部、汤山分部)、江阴校区、盱眙校区,整合资源,功能互补,着眼未来

下篇　昭彰勋业担使命

第二章　精绘蓝图　高位引领——南理工时期党代会召开概况

第二章

精绘蓝图　高位引领——南理工时期党代会召开概况

一、第八次党代会

开幕时间：1997年4月27日

会议内容：徐复铭同志代表学校第七届党委作题为《坚定信心、同心同德、深化改革、开拓进取，为实现学校"九五"建设目标而努力奋斗》的工作报告；李鸿志同志代表上届党委作《关于学校"九五"规划和精神文明建设"九五"规划纲要的说明》的报告。郑亚同志代表上届纪委作工作报告。大会选举产生了第八届党的委员会。

目标任务：会议提出"九五"奋斗目标——到2000年，办学体制有新的转变，教育改革取得明显成效，学科结构得到进一步优化，科学研究继续保持良好的发展势头，产业开发初步形成规模特色，办学条件明显改善，反映学校整体实力和水平的主要指标位居国内理工科院校先进水平，为在21世纪初叶把学校建设成为社会主义一流多科性理工大学奠定坚实的基础。

选举结果：会议选举徐复铭为党委书记，苏志明、郑亚为党委副书记，郑亚为纪委书记。
常委会委员：吕春绪、苏志明、李鸿志、杨善志、宋文煜、郑亚、徐复铭（按姓氏笔画为序）

南京理工大学第八次党代会会场

二、第九次党代会

开幕时间：2001年4月25日

会议内容：郑亚同志代表上届党委作《努力开创新世纪南京理工大学建设与发展的新局面》的工作报告。会议认真总结了第八次党代会以来学校工作的成绩、经验和不足，客观分析了学校在新世纪面临的形势、机遇与挑战，确定了学校"十五"建设的总体目标和基本思路。大会选举产生了第九届党的委员会。徐复铭同志代表党委作《关于学校"十五"计划的说明》。

目标任务："十五"发展目标——把南京理工大学建设成为培养高素质创新型人才的育人中心，应用基础及重大关键技术的研究开发中心，为国防和经济建设提供成果转化、决策咨询的服务中心；成为坚持党的基本路线和教育方针、建设社会主义精神文明的重要阵地；办学条件明显提高，办学质量明显提高，综合实力及可持续发展能力明显增强；以工为主，理、工、文、经、管、法、教协调发展，国防特色鲜明，知识创新和技术创新优势突出，国内一流，并具有一定国际影响的社会主义多科性理工大学。

选举结果：会议选举郑亚为党委书记，宋文煜、王晓锋为党委副书记，马大庆为纪委书记。常委会委员：马大庆、王晓锋、刘丽华、杨善志、汪信、宋文煜、郑亚、宣益民、徐复铭（按姓氏笔画为序）。

南京理工大学第九次党代会开幕式

下篇　昭彰勋业担使命

第二章　精绘蓝图　高位引领——南理工时期党代会召开概况

郑亚同志作党委工作报告

徐复铭同志作报告

党代表们投票

中国共产党南京理工大学第九次代表大会全体人员合影

下篇　昭彰勋业担使命

第二章　精绘蓝图　高位引领——南理工时期党代会召开概况

三、第十次党代会

开幕时间：2007年7月2日

会议内容：陈根甫同志代表上届党委作题为《凝心聚力　创新思路　开创南京理工大学发展的新阶段》的工作报告。大会的主题是创新、发展、和谐，会议选举产生了第十届党的委员会。王晓锋同志致大会闭幕词。

目标任务：会议提出学校要瞄准高水平研究型大学的建设目标，实施包括学科优化、英才培养、科技创新、人才强校、拓展开放、整合集成在内的六大战略，经过5年左右的努力，取得新突破。

选举结果：会议选举陈根甫为党委书记，王晓锋、马人庆为党委副书记，项银康为纪委书记。常委会委员：马大庆、尹群、王晓锋、刘刚、宋文煜、陈根甫、项银康、宣益民、钱林方（按姓氏笔画为序）。

南京理工大学第十次党代会开幕式

陈根甫同志作党委工作报告

王晓锋同志致闭幕词

123

四、第十一次党代会

开幕时间：2013年6月5日

会议内容：尹群同志代表上届党委作《坚定信心 锐意进取 开启建设特色高水平研究型大学新征程》工作报告。大会进一步明确了特色高水平研究型大学的内涵与外延，提出到2053年，即建校100周年时，步入国内一流、国际知名高水平研究型大学行列，提出了今后5年重点实施的四大工程、两个行动、一项计划。会议选举产生了第十一届党的委员会。王晓锋同志致大会闭幕词。

目标任务：到2020年，学校服务信息化武器装备系统和"两化"深度融合的办学特色更加鲜明，人才培养质量明显提高，学术水平显著提升，服务社会能力更加突出，学校文化长足进步，师生满意度和幸福感进一步增强，核心办学指标水平位次稳居全国高校前40位，建成特色高水平研究型大学。

选举结果：会议选举尹群为党委书记，王晓锋、陈岩松为党委副书记，王贵农为纪委书记。常委会委员：王连军、王贵农、王晓锋、尹群、付梦印、刘刚、陈岩松、钱林方、廖文和（按姓氏笔画为序）。

南京理工大学第十一次党代会开幕式

尹群同志作党委工作报告

王晓锋同志致闭幕词

五、第十二次党代会

开幕时间：2019年11月4日

大会主题：高举中国特色社会主义伟大旗帜，以习近平新时代中国特色社会主义思想为指导，深入贯彻党的十九大精神，全面贯彻落实全国高校思想政治工作会议、全国教育大会、学校思想政治理论课教师座谈会等会议精神，团结带领全校共产党员和师生员工，不忘初心、牢记使命，全面落实立德树人根本任务，为党育英才，为国铸利器，奋力开启建设特色鲜明世界一流大学新征程，为实现中华民族伟大复兴的中国梦贡献南理工力量。

会议内容：本次大会认真总结了第十一次党代会以来，学校党委在落实全面从严治党、推进"双一流"建设中取得的卓著成绩，深入分析了学校在新时代面临的新机遇和新挑战，确立了到本世纪中叶建校100周年之际，把南京理工大学建成特色鲜明世界一流大学的奋斗目标，以及"三步走"的发展战略，明确了"完成四份答卷""实施六大工程"的总体发展思路和实施路径，坚定了学校扎根中国大地办好社会主义大学的信心和底气。

南京理工大学第十二次党代会开幕式

张骏同志作党委工作报告

付梦印同志致闭幕词

选举结果：

一、新当选党委委员名单（按姓氏笔画排序）共 27 人

于雷、王国平、孔捷、付梦印、朱建飞、朱俊武、庄志洪、许百涛、李涛、李强、吴志林、何勇、张珩、张骏、陈岩松、陈钱、陈雄、易文斌、季卫兵、赵雪琴（女）、柏连发、席占稳、陶应勇、曾华翔、路贵斌、廖文和、薄煜明

二、新当选纪委委员名单（按姓氏笔画排序）共 11 人

刘逶迤、许百涛、孙云鹏、吴清林、张小兵、张强、陆健、宗文干、施君、徐峰、韩晓梅（女）

中国共产党南京理工大学第十二届委员会常务委员（从左到右）：许百涛、席占稳、陈岩松、张　骏、付梦印、廖文和、陈　钱

中国共产党南京理工大学第十二届委员会委员合影

中国共产党南京理工大学第十二届纪律检查委员会委员合影

下篇 昭彰勋业担使命

第二章 精绘蓝图 高位引领——南理工时期党代会召开概况

中国共产党南京理工大学第十一次代表大会全体参会人员合影

中国共产党南京理工大学第十二次党代会全体参会人员合影

第三章

巩固优势　拓展内涵——学科建设抓龙头

一、学科发展历程

南京理工大学在发展过程中，始终坚持以学科建设为龙头，调整和优化学科结构。一方面重点支持和建设一批具有明显特色和优势的高水平学科，另一方面加强对基础学科和人文社会学科的建设，培育扶植新兴学科、交叉学科和边缘学科。经过几十年的发展建设，学校学科结构得到优化，整体水平明显提高，建成了以工为主，理、工、文、经、管、法、教、哲、艺等多学科协调发展的学科布局。

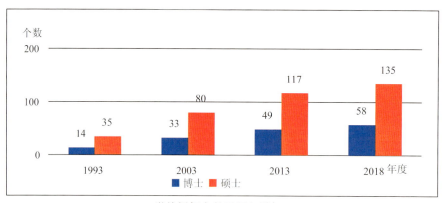

学位授权点数量逐年增加

各学科门类中学位授权点分布变化情况（学位授权点分布更加合理）

续表

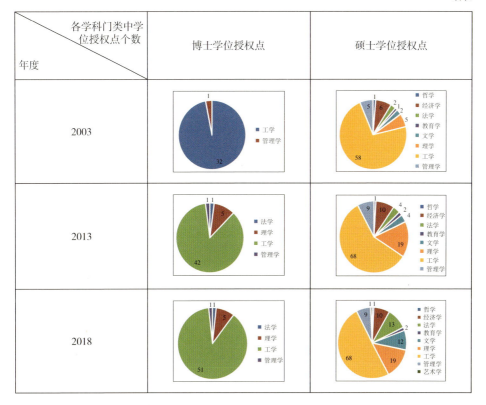

二、学科布局现状

学校现有58个二级学科博士学位授权点，分布在19个一级学科中，其中18个为一级学科博士学位授权点；135个二级学科硕士学位授权点分布在39个一级学科中，其中32个一级学科硕士学位授权点（截止到2018年6月）。

三、历次学科评估情况

学科评估是教育部学位与研究生教育发展中心按照国务院学位委员会和教育部颁布的《学位授予与人才培养学科目录》，对全国具有博士或硕士学位授予权的一级学科开展整体水平评估。

全国高校学科评估2002年首次开展，至今已完成了四轮。我校6大学科门类30个学科参加了第四轮学科评估，且取得了很好的成绩。从第四轮学科评估结果来看，我校学科整体保持良好的向上发展态势，其中"双一流"建设学科兵器科学与技术名列A+档，同时，获A−档学科1个，B+档学科4个，

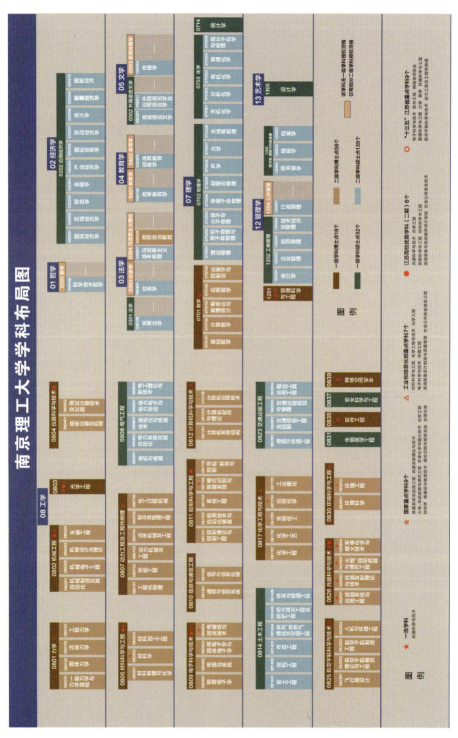

学科硕士、博士学位授权点分布情况（2018年）

下篇　昭彰勋业担使命

第三章　巩固优势　拓展内涵——学科建设抓龙头

B档学科7个，全国前20%的学科由3个增加到6个，全国前30%的学科由6个增加到13个，相比上一轮评估进步明显。

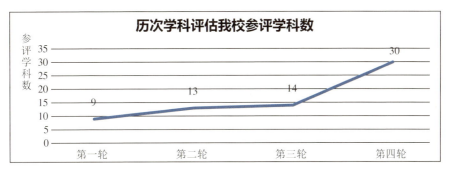

主干学科四轮学科评估排名相对位次变化情况

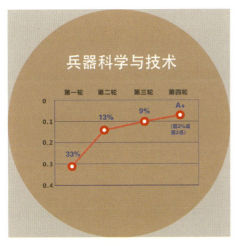

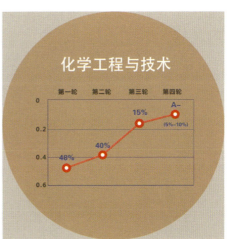

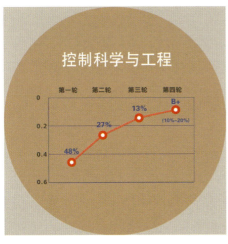

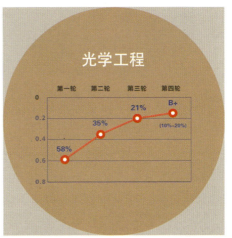

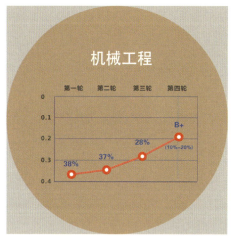
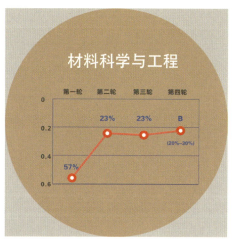

部分学科四轮学科评估结果对比

第四轮学科评估结果分析研讨会

四、重点建设阶段

（一）"211工程"建设

1995年4月，南京理工大学顺利通过"211工程"部门预审，1998年6月，经国家发展计划委员会批复同意，学校成为全国首批进入"211工程"建设高校之一。"211工程"有力地推动了我校学科的建设和发展。

下篇　昭彰勋业担使命

第三章　巩固优势　拓展内涵——学科建设抓龙头

2001年6月，学校通过"211工程""十五"建设（一期）项目验收

2006年6月，学校通过"211工程""十五"建设（二期）项目验收

2012年12月，学校通过"211工程"建设（三期）项目验收

（二）"国家优势学科创新平台"建设

2012年6月，南京理工大学跻身"国家优势学科创新平台"重点建设高校，主要围绕现代攻防与先进装备技术，从学科建设、创新人才培养、学术领军人物和创新团队、提高自主创新能力、改革措施等方面加强建设。

国家优势学科创新平台
目标探测与识别研究中心
精确打击与高效毁伤技术研究中心
特种装备与核心功能部件设计与工程验证中心
特种材料的设计、制备、加工及性能测试中心
特种化学品绿色生产与环境安全研究中心

国家优势学科创新平台

133

(三)"世界一流学科"建设

2017年9月,教育部、财政部、国家发展改革委印发了《关于公布世界一流大学和一流学科建设高校及建设学科名单的通知》,我校入选世界一流学科建设高校,兵器科学与技术入选"双一流"建设学科。

1. 学校发展目标

总体目标:以建设一批"一流学科"为基础和牵引,分步建成国内一流理工科大学(2020年,特色高水平研究型大学)、特色鲜明世界一流大学,推动学校向"世界一流大学"建设目标稳步前进。

(1)近期目标(2020年)

建成国内一流的理工科大学

兵器科学与技术学科保持全国第一,若干主干学科进入全国前10%,一批支撑学科进入全国前20%。学科国际影响力显著提升,4—5个学科进入ESI前1%。形成特色学科全国顶尖、工科整体优势突出、理工深度融合、特色应用文科涌现的学科体系。学校核心办学指标稳居全国高校前列。

(2)中期目标(2030年)

建成国内一流、国际知名的理工科大学

兵器科学与技术学科保持全国第一,进入世界一流行列;若干主干学科处于全国前列;一批支撑学科达到国内领先水平;6—7个学科进入ESI前1%,2个学科进入ESI前1‰;优势学科在国际主流评价体系中位居前300名,更多学科进入国际主要评价体系前500位。

(3)远期目标(本世纪中叶)

建成特色鲜明世界一流大学

建成综合支撑、协调发展的学科体系,兵器与装备、电子与信息、化工与材料三大优势学科群具有较高国际影响力和学术地位。在相关国际排行中核心办学指标位居前列,学校拔尖人才培养、科技原始创新和服务社会能力达到全球先进水平,引领武器装备智能化和现代化发展,有力支撑我国迈入世界军事强国和高等教育强国行列。

2. 学校建设目标

学校依托在国防和工程技术领域的特色和优势,围绕军事强国建设、军民

下篇　昭彰勋业担使命

第三章　巩固优势　拓展内涵——学科建设抓龙头

融合发展和两化深度融合等国家战略领域的重大需求，整合资源，集中力量开展"智能兵器与装备学科群"建设。该学科群以兵器科学与技术、光学工程、化学工程与技术三个一级学科为核心，凝练打造武器系统与工程、目标探测与感知、先进发射与弹道、智能与高效毁伤、先进军工材料、武器系统智能化、武器装备智能制造、网络与空间攻防等八个优势学科方向，旨在建立以兵器科学与技术学科为引领，以信息化、智能化为特征的优势学科群，突破一批制约国防科技工业和武器装备研制发展的基础性、前沿性和颠覆性技术，提升我军未来全过程、空天地立体攻防作战能力，为实现中国梦提供强有力的国家安全保障。

（1）2020年

在全国新一轮学科评估中兵器科学与技术学科保持全国第一；

若干主干学科进入全国前10%；

一批支撑学科进入全国前20%；

学科国际影响力显著提升；

工程学、化学、材料学科、计算机学等4—5个学科进入ESI前1%。

（2）2030年

兵器科学与技术学科保持全国第一，进入世界一流行列；

若干主干学科处于全国前列；

一批支撑学科达到国内领先水平；

6—7个学科进入ESI前1%；

2个学科进入ESI前1‰；

优势学科在国际主流评价体系中位居前300名；

更多学科进入国际主要评价体系前500位。

（3）2053年

形成具有国际学术话语权的兵器与装备、电子与信息、化工与材料三大优势学科领域，有力支撑学校建成特色鲜明世界一流大学。

培养一大批国防科技工业行业的领军人才和骨干力量，建成我国军工行业领域顶尖的人才培养基地。

吸引汇聚全球顶尖学术大师和青年学术才俊，形成创新能力卓越的国际化学术团队。

以智能兵器与装备学科群建设成效与经验为基础，进一步设计提出全球国防学科创新能力评价标准，代表我国在该领域的最高水平；

大批研究成果成功在智能武器装备研制生产领域得到应用，形成现实战斗力，为我国实现世界军事强国和高等教育强国建设目标提供有力支撑。

五、重点学科情况

序号	时期	新增重点学科数	重点学科类别
1	"九五"时期	3	江苏省
		24	兵器工业集团总公司
2	"十五"时期	5	国家二级学科
		6	江苏省
		5	国防科工委
3	"十一五"时期	2	国家一级学科
		4	国家二级学科
		2	江苏省一级学科
		5	江苏省二级学科
		12	国防特色
4	"十二五"时期	7	工信部
		6	江苏省优势学科
		7	江苏省
5	"十三五"时期	1	"双一流"世界一流学科
		10	国防特色
		9	江苏省

"九五"以来新增重点学科情况

序号	学科名称	类型
1	兵器科学与技术	一级学科国家重点学科（2个）
2	光学工程	
3	材料学	二级学科国家重点学科（4个）
4	电磁场与微波技术	
5	模式识别与智能系统	
6	应用化学	
7	武器系统与工程	"十三五"国防特色学科（10个）
8	军事化学与烟火技术	
9	弹药工程与爆炸技术	
10	武器发射理论与技术	
11	电磁场与微波	
12	光电成像技术	
13	模式识别与智能系统	
14	控制理论与控制工程	
15	军用关键材料	
16	军工制造及其自动化	
17	兵器科学与技术	江苏高校优势学科（二期）（3个）
18	控制科学与工程	
19	光学工程	
20	材料科学与工程	江苏高校优势学科（二期）（2个）
21	高端装备与微纳器件设计制造	
22	社会公共安全技术	江苏省重点序列学科（二期）（1个）
23	电子科学与技术	"十三五"江苏省重点学科（7个）
24	软件工程	
25	网络空间安全	
26	管理科学与工程	
27	力学	
28	数学	
29	环境科学与工程	
30	航空宇航科学与技术	"十三五"江苏省重点（培育）学科（2个）
31	动力工程及工程热物理	
32	材料科学与工程	工信部重点学科（7个）
33	化学工程与技术	
34	光学工程	
35	环境工程	
36	电子科学与技术	
37	社会公共安全信息工程	
38	高端装备设计制造与质量管理	

重点学科建设现状（2018年）

下篇　昭彰勋业担使命
第三章　巩固优势　拓展内涵——学科建设抓龙头

根据 2018 年 7 月 12 日更新的 ESI 数据（数据范围：2008 年 1 月 1 日—2018 年 4 月 30 日），全球进入前 1% 的大学和研究机构共 5603 家。我校论文总数排名全球第 604 位，论文总被引次数排名第 999 位；工程学、化学、材料科学、计算机科学等 4 个学科进入 ESI 国际学科排名全球前 1%。

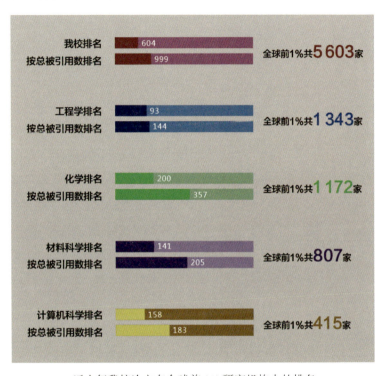

近十年我校论文在全球前 1% 研究机构中的排名

第四章

服务大局　强化特色——科技发展求创新

一、科技工作概况

南京理工大学围绕国家发展重大战略需求，实施"科技创新战略"，坚持"拓宽科研领域，加强平台建设，强化基础研究，解决关键技术，推进成果转化，深化产学研合作，全面增强可持续发展能力"的工作方针，逐步形成集陆、海、空、天、磁于一体的"立体兵工"国防科研新格局；培育了一批特色鲜明的通用技术群；一批具有自主知识产权的高新技术成果得到孵化和推广；以国家、省部级重点实验室（工程中心）为代表的科技创新平台建设取得了重大进展；涌现了以王泽山院士国家最高科技奖励为代表的一大批高水平科技成果。学校科技工作全面发展，成绩斐然。

（一）八大国防优势领域、十大民用重点发展领域

我校围绕兵器与装备、电子与信息、化工与材料三大优势学科群，形成了具有鲜明特色的八大国防优势领域和十大民用重点发展领域。

下篇 昭彰勋业担使命

第四章 服务大局 强化特色——科技发展求创新

国家级科研平台一览表

序号	平台名称	主管部门	立项时间	所属领域
1	国家民用爆破器材质量监督检验中心	国家市场监督管理总局	1989.04	化工与材料技术
2	瞬态物理国家重点实验室	国防科工局军委装备发展部	1991.04	发射与推进、制导与控制
3	国家微多蛋白素技术研究推广中心	科技部	1996.01	生物与医药技术
4	中国兵器工业弹药技术研究开发中心	国家发改委	1996.01	装备与制造技术
5	国家特种超细粉体工程技术研究中心	科技部	2002.03	化工与材料技术
6	微纳米材料与技术国际联合研究中心	科技部	2014.11	化工与材料技术
7	数控成形技术与装备国家地方联合工程实验室	国家发改委	2016.1	装备与制造技术
8	图像测量技术研究国际科技合作基地	科技部	2018.02	光电与信息技术

（二）科研经费情况

自1993年以来学校科研经费大幅提升，科技活动经费从1993年的0.56亿元增长到2017年的13.17亿元。同时，学校积极创新科技成果转化模式，服务区域经济社会发展，产生了巨大的经济效益和社会效益。

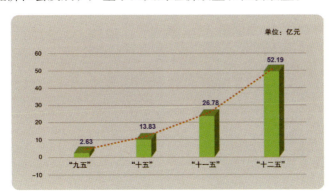

近年来科技活动经费增长情况

（三）国家、省部级科研平台

学校现有各类省部级及以上科研平台70余个，其中国家级平台8个，省部级重点实验室22个，省部级工程（技术）研究中心31个，省部级哲学社会科学研究基地11个，建有国家级大学科技园，并以此为依托承担了一大批国家重大科研任务，取得了一批标志性科研成果。

（四）高层次项目（数据统计截止到2017年）

学校面向军事装备发展重大需求，勇担使命，尤其是2000年以来，承担了国防"973技术"首席项目7项，基础加强项目4项，国防"863计划"课题36项，型号项目24项（副总师及以上），高新工程、国防重大专项等重大重点项目178项，国家科技重大专项04专项牵头项目7项，国家重点研发计划牵头3项（含1项技术首席），国家重大科学仪器专项1项。

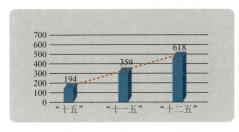
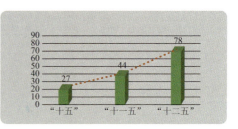

经费大于100万元的项目增长情况　　经费大于500万元的项目增长情况

基础研究能力取得较快发展，在电子学与信息系统、自动化、力学、机械工程、工程热物理与能源利用、计算机科学、无机非金属材料等方向初步形成我校优势研究领域。国家自然科学基金项目立项数和经费数逐年增长，2000年以来获批各类重大重点项目37项（包括国家杰青7项、优青9项、重大仪器4项、重大项目课题2项、重点项目14项、重点国际合作1项）。

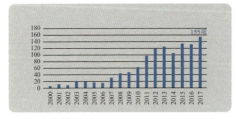
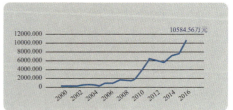

国家自然科学基金2000—2017年立项数　　国家自然科学基金2000—2017年项目经费

（五）论文

1994年以来，学校被录用论文数量与质量逐年增长。

1994年以来被录用论文情况

下篇　昭彰勋业担使命

第四章　服务大局　强化特色——科技发展求创新

格莱特纳米科技研究所金属结构材料团队带头人卢柯院士于2014年9月应邀撰写了题为 Making strong nanomaterials ductile with gradients 的评论文章，发表在9月19日出版的 Science 周刊上；化工学院博士研究生许元刚、王乾、申程、林秋汉以及共同通信作者陆明教授和王鹏程副教授，于2017年8月28日，在国际顶尖学术杂志《自然》（Nature，IF：40.14）主刊发表了研究论文：A series of energetic metal pentazolate hydrates（系列水合五唑金属盐含能化合物。Nature，2017，DOI：10.1038/nature 23662）；徐胜元教授2014—2017连续四年入选科睿唯安ENGINEERING领域高被引科学家；徐胜元、姜炜、王秀利、杨健、冯刚5位教授2014—2017连续四年入选爱思唯尔中国高被引学者榜单，朱运田教授也于2017年入选该榜单。

（六）科技奖励（数据统计截止到2017年）

1993年以来，学校获得各类科技成果奖励1 047项，其中国家级科技奖励48项，包括国家最高科学技术奖1人、国家技术发明一等奖2项、国家科技进步一等奖3项、国家自然科学二等奖2项、国家技术发明二等奖11项、国家科技进步二等奖29项（具体获奖项目名称见下图）。

国家级科研奖励列表

序号	年度	成果名称	奖项	奖励等级	主要完成人员
1	2017	专用项目	国家最高科学技术奖		王泽山
2	2017	专用项目	国家科技进步奖	二等	张合、何勇、李长生等
3	2017	专用项目	国家技术发明奖	二等	付梦印、苏中、邓志红等
4	2017	大型智能化饲料加工装备的创制及产业化	国家科技进步奖	二等	范天铭、徐学明、陈正俊等
5	2016	国防项目	国家技术发明奖	一等	王泽山、廖昕、易群智等
6	2016	新型合金材料受控非平衡凝固技术及应用	国家技术发明奖	二等	陈光、徐锋、孙国元等
7	2015	专用项目	国家科技进步奖	二等	宣益民、韩玉阁、任登凤等
8	2015	专用项目	国家科技进步奖	二等	阮文俊等
9	2012	专用项目	国家技术发明奖	二等	李凤生、郭效德、姜炜等
10	2011	专用项目	国家技术发明奖	二等	芮筱亭、王国平、贠来峰等
11	2011	专用项目	国家技术发明奖	二等	王克鸿、戚九民、余进等

续表

序号	年度	成果名称	奖项	奖励等级	主要完成人员
12	2010	纳米流体能量传递机理研究	国家自然科学奖	二等	宣益民、李强等
13	2010	钴酸镧等高性能超细氧化物催化剂的制备和应用技术	国家科技进步奖	二等	汪信、刘孝恒、朱俊武等
14	2010	专用项目	国家科技进步奖	二等	芮筱亭、王国平、戎保等
15	2009	特征抽取理论与算法研究	国家自然科学奖	二等	杨静宇、杨健、金忠、洪子泉
16	2009	专用项目	国家技术发明奖	二等	芮筱亭、王国平、贠来峰等
17	2009	双螺旋剪切式连续压延塑化技术及设备	国家技术发明奖	二等	李凤生、刘宏英、阎斌等
18	2008	红外成像电子学关键技术研究及其应用	国家科技进步奖	二等	陈钱、顾国华、柏连发等
19	2008	专用项目	国家科技进步奖	二等	王晓鸣、赵国志、黄正祥等
20	2007	专用项目	国家科技进步奖	二等	张河、陈荷娟、李豪杰等
21	2006	微波/毫米波芯片及多芯片组件关键技术研究与应用	国家科技进步奖	二等	恽小华、孙琳琳、楚然等
22	2006	V波段关键技术研究与应用	国家技术发明奖	二等	恽小华、孙琳琳、楚然等
23	2005	几种无机纳米材料的制备及应用研究	国家科技进步奖	二等	汪信、陆路德、杨绪杰等
24	2005	用非满管设计替代满管齐射多管火箭密集度试验技术	国家科技进步奖	二等	芮筱亭、徐明友、王国平等
25	2005	火箭破障系统	国家科技进步奖	二等	周长省、侯远龙等
26	2003	变焦距光学系统微分方程理论与设计	国家科技进步奖	二等	陶纯堪、高万荣、杨晓春
27	2002	PLZ45-155自行炮武器系统	国家科技进步奖	一等	苏哲子、沈书翔、杨卓等
28	2000	PF98式120毫米反坦克火箭	国家科技进步奖	二等	郭英智等
29	1999	特种超细粉体制备技术	国家科技进步奖	一等	李凤生、宋洪昌、刘宏英等
30	1999	945-1无源/光电干扰设备	国家科技进步奖	二等	陈素菊、赵锦生、郑龙彦等
31	1999	地面军用智能机器人	国家科技进步奖	三等	常文森、杨静宇、陆际联等
32	1998	岩石膨化硝铵炸药	国家科技进步奖	二等	吕春绪、刘祖亮、惠君明等
33	1998	红外干涉仪及干涉图像自动测试系统	国家科技进步奖	三等	陈进榜、陈磊、金国佑等
34	1998	带尾翼药筒的发射装置	国家技术发明奖	三等	王泽山、杨淑文、徐复铭等
35	1997	用于弹丸增程的一种烟火底排剂及其制造方法	国家技术发明奖	二等	潘功配、朱长江等

续表

序号	年度	成果名称	奖项	奖励等级	主要完成人员
36	1996	低温度系数(零梯度)发射药、装药技术及制造工艺	国家技术发明奖	一等	王泽山、刘庆荣、杨忠义等
37	1996	沈阳鼓风机厂计算机集成制造系统（SB-CIMS）	国家科技进步奖	二等	杨静宇等
38	1995	ET90-200型高炮、地空导弹旅（团）情报指挥系统	国家科技进步奖	二等	汤鹏飞、沈书翔、郭治等
39	1995	高精度大孔径平面波象差标准—移相式数字平面干涉仪	国家科技进步奖	二等	陈进榜、宋德真、朱日宏等
40	1995	危险压力波机理及抑制技术	国家科技进步奖	三等	袁亚雄、邹瑞荣、翁春生等
41	1995	250 kg3型航空反坦克子母炸弹	国家科技进步奖	三等	
42	1995	六硝基芪合成新方法	国家技术发明奖	三等	孙荣康、吕春绪、惠君明等
43	1993	库存过期火炸药的再生利用技术	国家科技进步奖	一等	王泽山、潘仁明、朱立明等
44	1993	PH81式122mm火箭炮I型远程杀伤爆破弹系统	国家科技进步奖	二等	李奉昌等
45	1993	激光光外差干涉仪	国家科技进步奖	二等	陈进榜、刘良读、宋德真等
46	1993	IB-12中间弹道靶道正交多站闪光测量系统	国家科技进步奖	三等	李鸿志、崔东明、管雪元等
47	1993	GBL310型防坦克单兵火箭布雷器	国家科技进步奖	三等	柯金友、孙思诚等
48	1993	新型多功能膛口装置	国家技术发明奖	三等	谭兴良、徐万和、孔德仁等

（七）专利

1993年以来，学校专利申请、授权数量与质量快速增长。

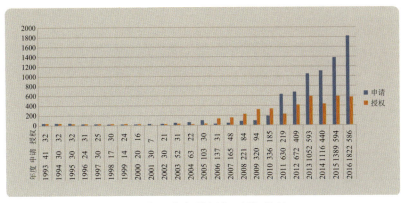

1993年以来专利申请、授权情况

学校先后获得了全国专利工作先进高校、全国专利工作试点示范高校、国家专利产业化试点基地、国防科技工业知识产权推进工程先进单位等荣誉，获得5次"江苏省十大专利金奖"和5次"十大专利发明人"称号，获得1次江苏省专利发明人奖。

部分获奖情况

（八）产学研合作情况

学校紧密围绕国家创新驱动发展战略和军民融合深度发展战略，探索高校依托行业、立足地方的产学研合作创新模式和机制，高度重视与地方政府、企业的产学研合作，有效推动产学研工作与学校学科建设、师资队伍建设、人才培养和科学研究工作的有机衔接、良性互动和共同发展，推动政产学研多方共赢。

2003年7月，南京理工大学科技园通过评估并正式授牌。学校面向国家发展战略，立足地方需求，建设了9个校外产学研基地。基地建设紧密结合当地主导产业，充分发挥我校优势和特色，实现产学研基地与学校学科建设、师资队伍建设、人才培养工作的有机衔接、良性互动和共同发展，提升服务深度和质量。

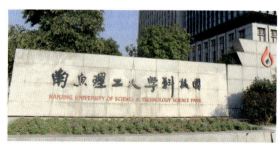

南理工国家大学科技园

下篇　昭彰勋业担使命

第四章　服务大局　强化特色——科技发展求创新

二、国防八大优势领域

（一）发射与推进技术领域

南京理工大学长期从事火炮、轻武器、火箭与导弹发射、火箭发动机与增程、弹道技术等方向的科学研究，拥有弹道国防科技重点实验室、先进发射工信部协同创新中心等一批高水平科研平台。在基础理论研究和关键技术攻关方面拥有雄厚的科研实力，研究水平处于国内领先。学校是国内火炮、自动武器领域科研和装备研制任务的主要承担单位，取得了一大批重大理论和创新研究成果，获国家级奖励12项，作为总师单位主持研制了具有国际先进水平的陆军主战车载火炮装备，作为技术首席主持了战略发射技术等一批重大基础研究项目。

部分获奖项目

（二）高效毁伤领域

我校是我国战斗部含能材料、火炸药、特种化学能源、火工烟火技术及工艺技术研究的重要基地，拥有国家特种超细粉体工程技术研究中心、特种能源材料教育部重点实验室、发射药及装药技术研究所等一批高水平科研平台，拥有以国家最高科技奖获得者王泽山院士为带头人的国防创新团队，取得了一批世界级科研成果，先后获得国家级奖励3项。

145

近年来我校在全氮超高含能材料研究领域取得重大突破,成功合成出世界上首个室温下稳定存在的全氮阴离子(N_5^-)盐,先后在国际顶级期刊 Science 和 Nature 上发表了研究成果。作为战斗部分系统总师单位研制出国内第一型远程制导火箭弹深侵彻战斗部,该研究成果获国防科技进步特等奖。

"低温度系数(零梯度)发射药技术装药及制造工艺"技术成果获得1996年度国家技术发明一等奖

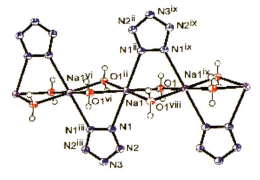

论文网络截图

下篇 昭彰勋业担使命

第四章 服务大局 强化特色——科技发展求创新

（三）智能弹药领域

南京理工大学是国内弹药技术的核心研究单位之一，拥有智能弹药技术国防重点学科实验室、教育部智能弹药系统理论与关键技术学科创新引智基地、国家弹药技术工程中心，具有雄厚的科研实力，在智能弹药设计理论与方法、智能探测与炸点精确控制、智能毁伤技术等多个研究方向上一直处于领先地位，近十几年来在灵巧、智能弹药方面取得了丰富的研究成果，拥有多项具有自主知识产权的核心技术。学校牵头承担了一大批国内重大、重点国防基础研究、国防973、型号和演示验证等高层次科研项目，先后获得国家级奖励4项，率先在国内研制出射程最远、精度最高的制导炮弹并将工程研制、装备于最先进的大型驱逐舰，主持研制了海军第一型制导弹药、陆军重点型号某远程制导侵彻弹战斗部、国内第一款多选择引信等装备。

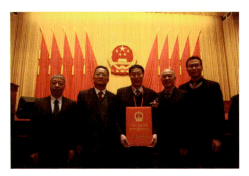

智能弹药领域成果

（四）制导与控制领域

我校从事制导与控制研究30余年，主要在毫米波制导、激光制导、MEMS惯性器件、目标特征提取和目标识别等方向上开展一系列工作。学校拥有近程高速目标探测技术国防重点学科实验室、电磁仿真与射频感知工信部重点实验室、高维信息智能感知与系统教育部重点实验室等科研平台。我

147

校获得国家级奖励4项，成功研制了某新型末敏弹核心探测器件，其性能处于国际领先地位，已被多个型号末敏弹应用，目前已产生经济效益1.4亿元；作为总体设计师研制了某高炮火控系统，该系统已成为我国国土防空的重要装备；在MEMS加速度设计方面与国内优势单位联合，建立了国内唯一的6英寸MEMS标准生产线，研制出国内第一款基于陶瓷管壳封装的芯片化数字陀螺，打破了西方国家对我国高端MEMS传感器技术的垄断，获国家授权发明专利6项。

制导与控制领域成果

（五）材料与工艺领域

学校拥有国家特种超细粉体工程技术研究中心、格莱特纳米技术研究所、江苏省高端制造装备技术工程实验室等科研平台，在异种技术、新型材料、纳米材料结构和性能调控、焊接材料、军用难加工材料与复合材料高效精密加工、数字化制造、增材制造等方向取得了丰富的研究成果，先后获得国家级奖励7项。自主研发的"特种超细粉体制备技术"解决了制约我国导弹技术发展的瓶颈问题，率先在国内成功研发了相应技术及设备原理样机，产生经济效益达60多亿元；"中大口径××熔敷焊技术"等一系列先进焊接成果已成功应用于各型末敏弹、破片弹和主战坦克装备生产线上，新增产值超过20亿元。

下篇　昭彰勋业担使命

第四章　服务大局　强化特色——科技发展求创新

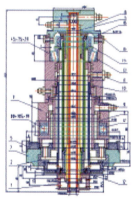

材料与工艺领域成果

149

（六）军用光电子领域

学校在军用电子与光电子领域近年来发展迅速，尤其是在军用可见光成像技术、红外与夜视成像技术、激光成像雷达技术等领域，拥有近程高速目标探测技术国防重点学科实验室、江苏省光谱成像与智能感知重点实验室等科研平台，获得国家级奖励7项。

研制的"大口径×××干涉仪"，成功打破国外技术封锁，是国内第一台具有全部自主知识产权的大口径光电成像设备；研制的×××超小型激光成像雷达，成功在末敏弹复合敏感器中得到应用，填补了国内空白。研制的系列超小型成像激光雷达，实现了从单线到多线对地快速扫描成像，在末端敏感系统中得到了系列化成功应用，填补了国内空白。

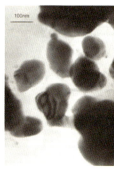
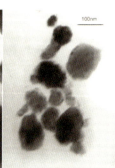

军用光电子领域成果

下篇　昭彰勋业担使命

第四章　服务大局　强化特色——科技发展求创新

（七）军用地面机器人领域

学校自"八五"以来一直致力于地面无人车辆和微小型平台的项目研究，主要围绕复杂环境的感知计算和建模、自主控制、任务载荷的协同控制等方向进行群体攻关。拥有高维信息智能感知与系统教育部重点实验室、社会安全信息感知与系统工信部重点实验室、社会安全图像视频与理解省部级重点实验室等科研平台，获得国家级奖励1项。作为总师单位主持研制了我国第一型军用机器人"×××型地面侦查攻击机器人"，该装备交付部队后在多次行动中发挥了巨大的作用，在地面无人平台领域实现了从实验室向战场的跨越。

军用地面机器人领域成果

（八）新概念武器领域

学校大力开拓新概念武器系统发展，在电热、电磁发射技术、激光发射关键技术等方向上已形成技术优势。拥有瞬态物理国家重点实验室等科研平台、协同创新中心、先进固体激光工业和信息化部重点实验室等科研平台。

新概念武器领域成果

我校在国内率先开展了以近程防空为背景的轨道炮武器系统以及化学炮研究，多项关键技术已取得重要进展，为后续的工程化奠定了基础；组织力量对激光发射关键技术进行探索，经过长期潜心攻关，在光纤激光器、合束、随动等方面已形成了技术优势。

151

三、民品十大重点发展领域

（一）航空航天技术领域

我校建有微纳卫星技术研究中心，是国内较早开展立方星研制的高校之一，已经形成了覆盖卫星制造、卫星发射、卫星运营、卫星应用全产业链的技术方案。近年来，先后与航天科工集团、航天科技集团建立了合作关系，开展了小卫星、航天通讯、航天推进技术，姿控、轨控技术等多方面的科研工作。

学校以卫星技术研制为主体，在国家重大工程型号项目和任务的牵引下，先后突破了立方体卫星平台技术、微小卫星平台技术、微纳卫星轨道机动控制技术、平台可靠性技术以及固体火箭推力器设计等关键技术，积累了丰富的理论基础和工程研制经验，形成了一批具有自主知识产权的科技成果，培养了一批航天专业技术人才。

航空航天技术领域成果

（二）装备与制造技术领域

依托机械制造等优势学科，学校建有国家特种超细粉体工程技术研究中心、特种专业装备教育部工程研究中心等一批科研平台。2009—2017年，学校牵头承担"高档数控机床与基础制造装备"国家科技重大专项7项，参与承担19项，牵头承担国家重点研发计划"增材制造与激光制造"重点专项项目1项。

学校承担了"高档数控机床与基础制造装备"国家科技重大专项，建有数控机床功能部件共性技术工业和信息化部重点实验室。学校在高档数控机

下篇　昭彰勋业担使命

第四章　服务大局　强化特色——科技发展求创新

床领域取得了一系列重大关键技术突破，联合国内龙头企业制定、完善了32项国家级行业标准，健全了功能部件基础理论研究体系，填补了国内空白，各项指标达到国际先进水平。

装备与制造领域成果

（三）化工与材料技术领域

依托材料学、应用化学等国家重点学科，建有格莱特研究所、材料评价与优选教育部工程研究中心，软化学与功能材料教育部重点实验室、中国—白俄罗斯真空等离子体物理国际科学实验室等科研平台。学校承担了国家重点研发计划、江苏省重点研发计划等一批重大科研项目,具有雄厚的科研实力。

在新材料领域,学校突破了 β 相凝固钛铝合金片层取向无法控制的定论,提出了利用界面各向异性调控晶体取向的新理论,并基于此研制出高温 PST 钛铝单晶,各项指标处于国际领先水平,取得了新型发动机材料领域的重大突破。

化工与材料技术领域成果

(四)光电与信息技术领域

依托光学工程、模式识别与智能系统、电磁场与微波技术等国家重点学科,承担了"核心电子器件、高端通用芯片及基础软件产品"国家科技重大专项、"重大科学仪器设备开发"国家重点研发计划、"新一代宽带无线通信网"国家科技重大专项、国家科技支撑计划等一批重大项目。与华为、中兴、中国电子科技集团等一批龙头企业长期合作,取得了一批高水平科研成果。

学校承担的国家重点研发计划"重大科学仪器设备开发"重点专项项目,突破了声波/光波复合模式化调制测量、理化特征反演分析和高精度光声层析成像等关键技术,解决了生物活体细胞和组织超微结构及其理化特征的多维成像和光学宽场快速成像的问题,在医学显微镜、高端医疗仪器设备领域均有广阔的应用前景。

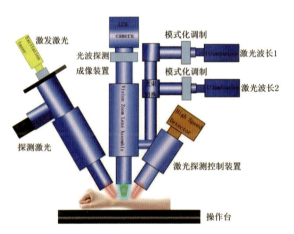

光电子信息技术领域成果

(五)电气与自动化技术领域

依托模式识别与智能系统、控制理论与控制工程、系统工程、检测技术与自动化装置等优势学科,建有江苏省多运动体信息感知与协同控制重点实验室等一批科研平台,承担了"智能电网技术与装备"国家重点研发计划,与国家电网等一批龙头企业建立了长期合作关系。在智能电网、工业控制、导航制导、现代伺服系统等方向具有丰富的技术积累。

学校充分发挥在模式识别与智能系统领域的优势,研发了面向最新"人民币现金机具鉴别能力技术规范"的银行机具、智慧银行和面向汽车自动驾驶的环境感知与理解技术及其模块化实现技术,提高了我国银行各种纸质货币处理设备的鉴伪能力,提高了自动驾驶的安全水平。

电气与自动化技术领域成果

（六）能源与环境技术领域

依托动力工程及工程热物理、环境工程等学科，建有江苏省化工污染控制与资源化高校重点实验室、化工污染与控制教育部工程中心等科研平台，先后承担了"水体污染控制与治理"国家科技重大专项、"大气污染成因与控制技术研究"国家重点研发计划、国家科技支撑计划等重大项目。相关科研成果在多地得到广泛应用，产生了巨大的经济效益。

学校承担了国家重点研发计划"大气污染成因与控制技术研究"重点专项项目，针对燃煤工业锅炉超低排放控制技术，突破了中小燃煤工业锅炉烟气低温脱硝难、运行成本高的瓶颈，开发出催化臭氧化烟气脱硫脱硝技术，推动了我国烟气脱硫脱硝技术的进步和产品的升级换代，产生了巨大的经济效益和社会效益。

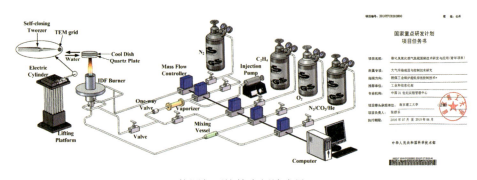

能源与环境技术领域成果

下篇　昭彰勋业担使命

第四章　服务大局　强化特色——科技发展求创新

（七）公共安全与社会发展领域

在反恐防暴、烟火技术、民用爆破等方向具有很好的优势，先后研制了ATV自动反恐车、奥运无烟定型烟火等产品，建有国家民用爆破器材质量检测中心，与民爆行业企业保持了长期合作关系。

学校建有国家民用爆破器材质量监督检验中心，具备货物危险性鉴定、民爆器材安全评价、人员安全培训等资质，是我国民爆行业唯一的国家级质量检测权威机构，是代表我国参加联合国危险品运输专家委员会的中国代表团常任专家单位。

公共安全与社会发展领域成果

（八）交通技术领域

建有江苏省智能交通信息感知与数据分析工程实验室，开展了交通信息智能感知、交通传感器、交通大数据挖掘等方向的研究工作，承担了"先进轨道交通"国家重点研发计划项目，与中车集团、南京地铁等企业开展了长期合作，积累了一批优秀的技术成果。学校与华盛顿大学智能交通研究与应用实验室、腾讯等国内外10余家高校和高新技术企业紧密合作，研发了集测速、测距、测角三种功能于一身的全息3D雷达系统，可监测记录宽至8车道、最远距离达220米的区域范围内车辆的流量、速度、排队长度、车型、车头时距等交通流信息，提升了城市道路40%的通行能力。

"轨道交通车辆轮对尺寸在线检测系统"在广州地铁进行了现场部署与应用，并通过广州计量院权威第三方测试，检测精度处于国际领先水平。该项目打破了国外技术垄断，解决轮对尺寸检测行业共性难题，对提高车辆维保效率、提升运营安全水平具有重要意义。

交通技术领域成果

（九）生物与医药技术领域

建有国家微多蛋白素技术研究推广中心等一批科研平台，在工业微生物发酵技术及其产品开发、代谢调控及其基因工程技术、生物资源利用工程技术、天然药物化学、生物诊断与生物传感等方向开展研究工作。

学校经过多年研发攻克了人造胶原蛋白技术，拥有"一种重组人源担保及其制备方法""类人胶原蛋白基因、其不同重复数的同向串联基因、含有串联基因的重组质粒及制备方法"等2项发明专利。该成果已经实现了产业化，为生物医药及化妆品提供了重要原材料，推动了行业的进步。

表达量对比	表达系统	表达方式	胶原蛋白含量 g/l	原料 元/kg 胶原蛋白	胶原蛋白占总蛋白含量
国内某公司	大肠杆菌	胞内	13.02	2940	29.4%
本项目	毕赤酵母	胞外分泌	23.5	2477.7	72.6
富士（欧洲）胶片制造	毕赤酵母	胞外分泌	9	未给出	未给出

下篇 昭彰勋业担使命
第四章 服务大局 强化特色——科技发展求创新

生物与医药技术领域成果

（〡）哲学社会科学

近年来，我校人文社会科学科研快速发展，获批一系列重要项目，产出一批代表性成果。在科研项目方面，6年来共立项国家社会科学基金39项，其中重大招标项目2项，重点项目4项，后期资助项目5项，艺术学专项1项。教育部人文社科基金56项，立项数量工信部高校排名第一。在智库建设方面，目前我校建有江苏省高端培育智库1个、省级智库9个、备案教育部国别研究中心1个、省级智库培育点3个。在决策咨询方面，共有5份决策咨询报告获省部级领导10次肯定性批示。

人文社科省部级基地名称（数据统计截止到2018年7月）

序号	基地名称	成立时间
1	江苏人才战略发展研究院	2015.9
2	江苏省军民融合发展研究院	2016.8
3	江苏产业集群决策咨询研究基地	2011.11
4	江苏服务型政府建设决策咨询研究基地	2011.11
5	江苏省知识产权发展研究中心	2012.10
6	江苏省科技人才思想库	2012.9
7	江苏省知识产权思想库	2016.3
8	江苏省军民融合科技与产业创新研究中心	2016.10
9	江苏省版权研究中心	2017.2
10	沙特研究中心	2017.6
11	政治建设与地方治理研究中心	2018.7

159

第五章

为党育人 为国育才——人才培养育英才

一、概述

南京理工大学坚持"以人为本，厚德博学"的办学理念，牢固确立人才培养工作在学校工作中的中心地位，把促进学生健康成长、全面发展作为学校一切工作的出发点和落脚点。加强建设、深化改革、提高质量，不断为国家工业化、信息化、国防现代化建设和地方区域经济发展输送高素质人才。

学校立足精英教育，培养基础宽厚，知识、能力、素质协调发展的高级专门人才，造就一大批具有国际视野，求真务实，能开拓创新、引领发展的工程精英和社会中坚。

1993年以来，学校分别于2001年、2004年、2011年和2016年召开了四次教育教学工作会议，每次会议都旨在认清形势、转变观念、明确理念，全面推进教育教学改革，大力提高教育教学质量。

2016年11月，学校召开本科教育教学工作会议

下篇　昭彰勋业担使命

第五章　为党育人　为国育才——人才培养育英才

1997年开始，我校在全国首批开展专业学位教育工作。

2000年，经教育部批准，学校试办研究生院。

2004年，教育部批准正式成立研究生院。

2011年，获"全国工程硕士研究生教育创新院校"称号。

2014年1月19日，我校召开研究生教育改革推进会，全面深化研究生教育改革，提高研究生教育水平和人才培养质量，促进学校加快特色高水平研究型大学建设。会议明确了"把握一条主线，深化三项改革，实施五项计划"的研究生教育改革思路，并提出将2014年作为"研究生教育质量年"。

2015年，我校首次发布研究生教育质量报告，建立和完善研究生教育质量保障体系，回应社会关注并接受社会监督。

2014年1月19日，研究生教育改革推进会召开

二、办学规模

1993 年以来，学校坚持稳定本科生规模，发展研究生教育。本科生招生从 1999 年扩招以来，近 20 年基本维持在 3 900 人左右；硕士生招生规模从 1993 年的 221 人发展到 2018 年的 3 735 人；博士生招生规模从 1993 年的 27 人发展到 2018 年的 471 人；目前各类在校生总人数在 30 000 余人。

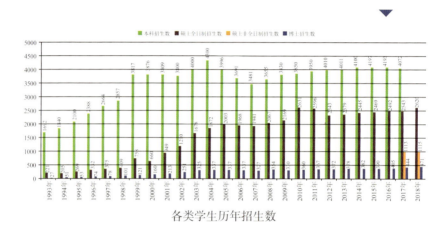

各类学生历年招生数

三、专业建设

1993 年以来，学校不断地进行学科专业结构调整，加强理学学科专业建设，夯实基础能力，拓展学科专业布局，实现多学科领域交叉融合的环境，紧跟国家发展需要，努力实现基础扎实、知识能力素质协调发展的人才培养格局。

序号	专业类别	数量	备注
	专业总数	69	
1	省部级以上重点、特色专业	51	占专业总数的 76% 覆盖在校本科生 80% 以上
2	江苏省品牌特色专业	34	
3	国家特色专业	9	
4	国防科工委重点建设专业	5	
5	教育部综合改革试点专业	3	
6	教育部重点专业	12 个专业类	38 个专业
7	工信部重点专业	4	
8	江苏省品牌专业建设一期工程立项专业	6	

专业分类数据（截止 2018 年）

下篇　昭彰勋业担使命

第五章　为党育人　为国育才——人才培养育英才

学校专业指导委员会成立大会

江苏省品牌、特色专业验收专家到学校各建设点考察

四、课程建设

学校以展示我校学科专业特色、充分反映授课教师的教学水平、特色与研究成果的优势课程为龙头，带动课程建设，以点带面，全面提升了课程质量和水平，形成了品牌和优势，突出了亮点和特色，扩大了影响和声誉。学校现有各类国家级精品课程31门，江苏省精品课程94门、江苏省优秀课程群4个。

国家级课程建设列表

序号	课程名称	课程主持人	获奖类型
1	控制工程基础	吴晓蓓	国家级精品课程、精品资源共享课
2	工程制图	徐建成	国家级精品课程、精品资源共享课
3	化工原理	钟秦	国家级精品课程、精品资源共享课
4	火炮设计理论	张相炎	国家级精品课程、精品资源共享课
5	概率与统计	杨孝平	国家级精品课程、精品资源共享课
6	大学物理实验	李相银	国家级精品课程、精品资源共享课
7	弹药学	李向东	国家级精品课程、精品资源共享课
8	数字逻辑电路	王建新	国家级精品课程、精品资源共享课
9	固体火箭发动机气体动力学	武晓松	国家级精品课程、精品资源共享课
10	电路	黄锦安	国家级精品课程、精品资源共享课
11	舞动的中国龙——龙文化与当代中国舞龙运动	朱继华、李崇新、顾城	国家级精品视频公开课程
12	材料与文明	陈光、徐锋、谈化平	国家级精品视频公开课程
13	中国烟火技术的发展与创新	潘功配	国家级精品视频公开课程
14	武器装备概论	袁军堂、张相炎、周克栋、李向东	国家级精品视频公开课程
15	工程文化	徐建成、周小虎、曾山、居里锴、荆琴	国家级精品视频公开课程
16	神奇的化学元素	单丹、颜学武	国家级精品视频公开课程
17	美育与艺术	姚军	国家级精品视频公开课程
18	物理——通向高新技术之门	陆健	国家级精品视频公开课程
19	国际贸易实务	尤宏兵	国家级来华留学英文授课品牌课程
20	数据结构	张琨	国家级来华留学英文授课品牌课程
21	管理学原理	宋化明	国家级来华留学英文授课品牌课程

国家级课程建设列表（数据截至2018年）

五、教材建设

教材建设是学校教育教学工作的重要组成部分，对落实立德树人根本任务、深化教育教学改革、推进教育创新、全面提高人才培养质量起着重要的作用。

学校坚持以优势学科为龙头，以品牌特色专业为主线，以课程建设为基础，以"定位精品，控制规模，鼓励创新"为指导思想。加强组织领导，设有课程与教材建设委员会，对教材建设实行校、院两级管理；加大投入力度，通过各级规划教材的建设，凸现特色、锤炼精品，构建具有学科优势特色、适应新形势下人才培养需要的高质量课程教材体系。制定《南京理工大学教材建设工作管理规定》等规章制度，不断规范和完善教材建设与管理工作；设立教材建设专项经费，并加大对教材编写的经费支持力度，同时，对教材出版和教材获奖的作者进行奖励，教材编写出版数量与质量明显提升，获国家级精品、规划教材81部，工业与信息化部、江苏省精品课程、规划教材143部，兵器类教指委优秀教材8部，兵工高校优秀教材38部，体现了学校学科专业建设的水平，扩大了学校学术、教学方面的影响。

下篇　昭彰勋业担使命

第五章　为党育人　为国育才——人才培养育英才

我校编写的部分教材

六、工程教育培养模式改革

学校于2012年确立"工程精英"培养目标，回应创新型国家建设、人才强国和知识产权等战略，致力于培养一大批对工程发展具有引领作用和重要影响的、多种类型的杰出工程人才。

1. 跨学科建设钱学森学院，培养"研学融合"工程科学家

2011年组建"优才计划实验班"。

2013年1月成立教育实验学院。

2017年10月冠名"钱学森学院"，着力培养具有较高4S（Strong

responsibility，Super innovative capacity，Sustainable development ability，Strong Health）素质和能力的工程科学家。学院采用"2+X"培养模式，学生前两年按大类培养，第三年开始个性化培养，3—4年可完成本科学习，5—6年可完成本硕学习，7—9年可完成本硕博学习。学院实行个性化指导、"学习导师"+"专业导师"的"全程导师制"和全链条研究能力培养。已累计培养学生841名，毕业299人。

教育实验学院成立

钱学森学院揭牌仪式

教育实验学院成立教学工作委员会

2. 跨行业实施"卓工"计划，培养"学用互融"应用型工程师

2011年9月，学校进入教育部"卓越工程师教育培养计划"，先后20个专业纳入试点，旨在培养具有较强工程素质、实践能力、创新精神与研究能力的应用型工程师。"卓工计划"采用"2+2"培养模式：前2年，学生在原专业学习；2 年后，选拔进入试点班，接受校企联合培养。通过校企共建工程实践教育中心，校企双导师共同指导专业理论学习与工程实践训练，落实企业培养实践环节。1224 名学生入选，毕业 466 人。

工程实践教育中心成立

3. 跨领域共建知识产权学院，培养"理工文交融"复合型工程师

2013 年 9 月，工业和信息化部、国家知识产权局、江苏省人民政府正式共建我校知识产权学院。

2015 年 9 月，机械工程、电子信息工程"3+1+2"知识产权创新实践班开办，致力于培养具有扎实的理工科知识背景的知识产权复合人才。学院采用"3+1+2"培养模式，即 3 年工科专业学习、1 年知识产权专业核心课程修读、2 年知识产权管理硕士深造。通过知识产权学院和理工学院"双院制"培养，推进"理工文交融"。知识产权创新实践班在校生 139 名。

2013 年 9 月 6 日，国家知识产权局、江苏省人民政府与工业和信息化部签署共建南京理工大学知识产权学院协议

"一带一路"与知识产权风险国际研讨会　　　　　知识产权南湖论坛现场

4. 跨国界共建中法工程师学院，培养"中外融通"国际工程师

2015年4月，学校与法国洛林大学共建中法工程师学院，并在机械工程、材料科学与工程两个专业招生，旨在培养具有国际视野和跨文化交流、竞争与合作能力的国际工程师。学院以法国工程师职衔委员会CTI认证框架设计培养方案，1/3的课程聘请法方教授授课，与法国洛林对外贸易顾问委员会及其下属200多家企业签署合作协议，保障学生学习或企业实习。学院采用"4+2"培养模式：学生完成4年的本科学习任务，可获得学士学位；完成后续2年硕士学习任务，可获法国工程师文凭以及我校硕士毕业证书和学位。学院在校生现有227名。

中法工程师学院成立

中法工程师学院外籍教师课后答疑　　　　中法工程师学院外籍教师上课情景

七、实践教学

学校构建了"基础实验—综合实践—创新训练"三层次本科生实践教学体系。在培养方案中进一步提高了实践教学环节所占比例,工科专业实践教学环节累计学时占总学时的比例为45%—55%;其他专业实践教学环节累计学时占总学时的比例不少于30%。引导学生在夯实专业知识的同时,积极参加学术科技活动、创新创业活动、社会实践和文体活动。学生省部级以上重要竞赛获奖人次年均增长36.83%,专利申请与授权人次年均增长92.31%。

(一)实验教学与创新平台建设

学校按照"资源共享、引领示范、提升水平、持续发展"原则,以提升学生实践创新能力为宗旨,以深化实践教学改革为核心,建成一批特色鲜明的国家级、省(部)级实验教学与实践教育中心,推动我校实践教学改革与实验教学中心建设水平。全校现有国家级、省部级实验教学与实践教育中心、省级虚拟仿真共享平台共计29个,全国工程硕士专业学位研究生联合培养示范基地2个。

序号	中心名称	所属学院	级别	批准建设单位	设立时间
1	瞬态物理国家重点实验室	化工学院	国家级	国家教育部	2007
2	国家微多蛋白素技术研究推广中心	工程训练中心	国家级	国家教育部	2013

国家级虚拟仿真实验教学中心					
序号	中心名称	所属学院	级别	批准建设单位	设立时间
1	现代制造企业虚拟仿真实验教学中心	工程训练中心	国家级	国家教育部	2014
2	化学化工虚拟仿真实验教学中心	化工学院	国家级	国家教育部	2015
3	电气工程及自动化虚拟仿真实验教学中心	自动化学院	国家级	国家教育部	2016

国家级实验教学示范中心组建情况

1. 化学化工(国家级)实验教学示范中心

化学化工实验教学中心(下简称"中心")前身为1953年成立的军事工程学院火炸药专业基础化学实验室。

该中心1999年被评为"江苏省高等学校省级实验教学中心",2007年被批准为"国家级实验教学示范中心建设点",2015年被评为"国家级化学化工虚拟仿真实验教学中心"。"中心"以"启发创新思想、强化实践基础、培养工程创新能力"的思路,建立"实验、实习、工程设计"三链融通的实践课程体系。

化学化工实验教学中心

2. 工程训练中心(国家级工程创新综合实验中心)

2007年学校将原机电总厂下属的"教学培训中心"与挂靠教务处的"电子实习培训中心"合并,组建成为"工程训练中心"(简称"中心"),目前是我校大学生开展工程设计、工程制造、工程管理及创新设计竞赛的实践教学基地。

该中心主动转变发展方式,以"多学科交叉""工程文化""国际化"建设主题,推动工程训练事业发展取得了丰富的教学成果。

原机电总厂教学培训中心

工程训练中心新大楼

下篇　昭彰勋业担使命

第五章　为党育人　为国育才——人才培养育英才

工业和信息化部苗圩部长、江苏省李学勇省长视察工程训练中心

3．"大学生创新创业工作室"（XSpace 创客空间）

根据《南京理工大学关于深化创新创业教育改革的实施方案》，学校启动"大学生创新创业工作室"（XSpace 创客空间）的建设，为大学生创新创业实践提供共享平台。截止到 2018 年，全校已有 22 个建于各实验教学中心的"大学生创新创业工作室"，支撑学生开展学科竞赛、科研训练、自主创新创业活动。

学生在"机器人创意工作室"讨论实验方案

"机器人创意工作室"孵化出的项目参加决赛

学生自行组装的方程式赛车

4. 全国工程专业学位研究生联合培养示范基地

序号	示范基地名称	获得时间
1	南京依维柯汽车有限公司企业研究生工作站	2016
2	先进制造与高端装备研究生联合培养实践基地	2017

教育部杜占元副部长与示范基地研究生交流

研究生在实践基地接受学校导师、企业导师指导

基地证书

（二）科研训练"百千万"计划

2008年，我校正式成为"国家大学生创新性实验计划"学校，开始面向本科生开设"科研训练"选修实践环节；2012年，学校启动实施了本科生科研训练"百千万"计划，"科研训练"成为必修环节，逐步形成了"国家级—江苏省级—校重点—校普通"四级项目管理体系；迄今共面向本科生设立7 711个科研训练项目，参与指导教师达4 682人次，全面覆盖了所有在校本科生，有效助推了学生创新创业能力的提升。学校于2017年首批获得"深化创新创业教育改革示范高校"荣誉称号。

科研训练"百千万"计划年会

获评"深化创新创业教育改革示范高校"称号

立项年份	当年总数	国家级	省级	校级重点	校级普通
2012	929	53	40	352	484
2013	1 193	80	50	371	692
2014	1 376	85	50	335	906
2015	1 219	78	50	268	823
2016	1 493	78	50	290	1 075
2017	1 501	77	52	282	1 090
合计	7 711	451	292	1 898	5 070

"百千万"计划2012—2017年立项情况

2013—2017年学生申请和授权专利趋势

八、质量监控

（一）质量管理

2011年开始，学校建设"本科教学状态数据库与评估系统"，构建了学校、学院、专业、课程层层递进的"多维教学质量评估体系"，依据评估收集的"临床证据"，形成"评估→反馈→改进"的长效机制，使质量管理成为持续推动人才培养质量提高的重要动力。

通过开放教学状态数据库，发布本科教学质量报告、学院本科教学质量白皮书、专业发展潜力评估、课程教学目标达成度评价、大学生学习与发展跟踪调查报告等，推进质量信息流动共享。

教学质量管理机制图

下篇 昭彰勋业担使命
第五章 为党育人 为国育才——人才培养育英才

质量是研究生教育的生命线。近年来，学校始终围绕提高研究生学位论文质量采取了一系列有效举措。一是强化学位论文全过程管理；二是构建由学校、教育行政部门、行业部门、学术组织和社会机构参与的学位论文质量评价体系（简称"五位一体"学位论文质量评价体系）。

"五位一体"学位论文质量评价体系和学位论文全过程管理

（二）学校评估

2007年10月29日，在学校本科教学工作水平评估汇报会上，校长王晓锋作了题为《彰显国防科技特色，培育一流创新人才》专题汇报，以陈贤忠为组长的评估专家组全体专家、江苏省人民政府与国防科工委人事教育司领导听取汇报；11月2日，教育部本科教学工作水平评估反馈会召开，我校以优秀的成绩通过评估。

南京理工大学本科教学工作水平评估汇报会现场

教育部本科教学工作水平评估会专家组意见反馈会现场

专家考察工程训练中心

专家实地考察校外实习基地

下篇　昭彰勋业担使命

第五章　为党育人　为国育才——人才培养育英才

2015年11月30日至12月4日，我校迎接教育部本科教学工作审核评估专家组的现场考察，是工信部高校中第一家申请并接受审核评估的高校。专家组高度肯定了学校重视人才培养工作，办学目标定位清晰，办学传统特色鲜明，教学改革亮点突出，形成了一批有显示度的成果，同时就青年教师能力提升、专业课程设置优化、加强教学基层组织建设、强化实践环节管理等方面提出了继续改进的建议。

"以评促建、以评促改、以评促管、评建结合、重在建设"，学校将继续坚持本科教学为中心，持续推进人才培养，办人民满意大学。

本科教学评估专家现场考察

（三）工程教育专业认证

在教育部2018年5月28日公布的数据显示，截至2017年底，教育部高等教育教学评估中心和中国工程教育专业认证协会共认证了全国198所高校的846个工科专业，我校认证专业数量在198所高校中排名第10。

工程教育认证现场

序号	单位	专业名称	类别	初次通过年份
1	能动学院	建筑环境与能源应用工程	土建类专业评估	2009
2	化工学院	安全工程	工程教育认证	2011
3	自动化学院	自动化	工程教育认证	2013
4	环生学院	环境工程	工程教育认证	2014
5	电光学院	光电信息科学与工程	工程教育认证	2014
6	计算机学院	计算机科学与技术	工程教育认证	2014
7	化工学院	化学工程与工艺	工程教育认证	2015
8	理学院	土木工程	土建类专业评估	2015
9	材料学院	材料科学与工程	工程教育认证	2016
10	化工学院	高分子材料与工程	工程教育认证	2016
11	机械学院	机械工程	工程教育认证	2016
12	计算机学院	软件工程	工程教育认证	2017

中国工程教育认证通过专业

（四）学位点合格评估

根据国务院学位委员会、教育部《关于开展 2014 年学位授权点专项评估工作的通知》（学位〔2014〕17 号），我校管理科学与工程等 7 个学位授权点参加国家学位授权点专项评估，全部顺利通过；根据国务院学位委员会、教育部《关于开展 2018 年学位授权点专项评估工作的通知》（学位〔2018〕8 号），我校体育硕士等 2 个学位授权点参加国家学位授权点专项评估，均顺利通过。

下篇 昭彰勋业担使命

第五章 为党育人 为国育才——人才培养育英才

序号	学科/专业名称	授权类别	评估结果	结果公布时间
1	管理科学与工程	博士一级学科	合格	2016
2	金融	硕士专业学位	合格	2016
3	国际商务	硕士专业学位	合格	2016
4	社会工作	硕士专业学位	合格	2016
5	翻译	硕士专业学位	合格	2016
6	会计	硕士专业学位	合格	2016
7	图书情报	硕士专业学位	合格	2016
8	体育	硕士专业学位	合格	2018
9	法律	硕士专业学位	合格	2018

我校学位授权点参加国家学位授权点专项评估结果

九、国际化人才培养

（一）联合培养项目

我校与国外大学开展本科生、研究生联合培养，利用和引进国外大学优质教育资源，借鉴先进教育理念和教育经验，培养具有国际视野和国际交往能力的国际化人才。目前，和数十所国外知名高校举办中外合作办学项目或以学分互认、学位互授形式进行本科生、研究生联合培养工作。

联合培养项目类型	合作大学国别	大学名称	合作内容	承办学院	备注
中外合作办学	英国	考文垂大学	培养工业设计专业硕士研究生	设计艺术与传媒学院	3+1
	法国	梅兹国立工程师学院	中法工程师学院联合培养项目	中法工程师学院	4+2
学分互认、学位互授	英国	诺丁汉大学	培养电子信息类本科生、研究生	电光学院	
		利兹大学	培养化学化工类本科生、电子信息类本科生研究生	化工学院、电光学院	
		纽卡斯尔大学	培养经管类专业本科生	经管学院	
		思克莱德大学	培养经管类专业本科生	经管学院	
		格拉斯哥大学	培养光电类专业本科生研究生	电光学院	
		哈斯菲尔德大学	培养英语专业本科生	外国语学院	
	意大利亚	澳大利亚国立大学	培养计算机科学专业本科生	计算机学院	
		悉尼科技大学	培养相关专业本科生		
		昆士兰大学	培养相关专业本科生		
		昆士兰科学大学	培养相关专业本科生		
	美国	代顿大学	培养电子工程、光学工程专业本科生	电光学院	
		蒙莫斯大学	培养计算机专业本科生	计算机学院	
		北卡罗来纳大学三明顿分校	培养英语专业本科生	外国语学院	
		阿克伦大学	培养化工类本科生	化工学院	
		纽约州立大学奥斯威戈分校	培养经管类本科生	经管学院	
		田纳西大学	培养相关专业本科生、研究生		
		匹兹堡大学	培养相关专业本科生、研究生	经管学院	
	法国	矿业电信工程师学院	联合培养相关专业本科生和研究生		
		约瑟夫博里叶大学	联合培养环生类研究生	环生学院	
	德国	慕尼黑工业大学	联合培养相关专业本科生		
		卡尔斯鲁厄理工学院	联合培养材料类专业研究生	材料学院	
	日本	福冈工业大学	联合培养硕士研究生		
		北海道大学	培养日语专业本科生	外国语学院	
		创价大学	培养日语专业本科生	外国语学院	
	韩国	亚洲大学	联合培养各专业本科生		
		庆尚大学	联合培养各专业本科生		
		汉阳大学	联合培养各专业本科生		

中英合作培养毕业生在伯明翰城市大学（原英格兰大学）留影

（二）研究生出国（境）教育

近年来，我校公派研究生留学呈现层次高、项目多、渠道广的特点。经过学校策划、宣传动员和组织申报，研究生的公派出国交流规模稳步扩大。接收我校研究生的外方留学院校的层次稳步提升，包括一大批世界顶尖院校或科研机构，如哈佛大学、斯坦福大学、马普所胶体与界面研究所、苏黎世联邦理工学院、帝国理工学院、伦敦大学学院、加州大学伯克利分校、约翰霍普金斯大学等。

同时，我校自筹经费资助研究生出国（境）参加国际学术会议或联合培养，每年约170人次。

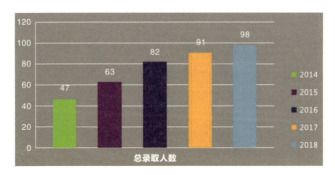

近年我校国家公派研究生出国项目录用概况

十、教学成果

（一）教学成果奖

1993年至今，学校积极开展教育教学研究与改革，在培养模式探索、实践教学建设、课程教学改革、教学管理等方面取得丰硕成果，获得国家级教

下篇 昭彰勋业担使命

第五章 为党育人 为国育才——人才培养育英才

学成果奖15项、中国学位与研究生教育学会研究生教育成果奖1项、省级教学成果奖84项（其中特等奖6项、一等奖31项）。

中国学位与研究生教育学会研究生教育成果获奖证书和人员合影

序号	时间	成果名称	主要完成人	获奖等级
1	1993	加强教学建设，提高工科物理教学质量	大学物理教研室集体	二等奖
2	1997	《化工原理》课程计算机辅助教学（CAI）实践	杜炳华、钟秦、王婷如、周迟骏、王娟	二等奖
3	1997	《弹丸终点效应》教材	王儒策、赵国志、于骐、欧阳楚萍、翁佩英、高森烈	二等奖
4	1997	《现代内弹道学》教材	金志明、袁亚雄、翁春生、张小兵	二等奖
5	2001	火药装药系列教材建设（教材）	王泽山、徐复铭、张丽华、贺晓军	一等奖
6	2001	健康为本 重在健身——高校体育课程教学前探性改革与实践	王宗平、沈家聪、朱继乐、林越楠、潘志军	二等奖
7	2005	立足国防，面向社会，创建自动化品牌专业	吴晓蓓、陈庆伟、郭毓、徐志良、王海梅	二等奖
8	2005	工业设计特色专业建设研究与实践	李亚军、张锡、姜式、段齐骏、曾山	二等奖
9	2005	深化分层次教学 全面提高大学教学教育质量	杨孝平、俞军、陈萍、许春根、王为群	二等奖
10	2005	构建多层次、多模式国防科技人才培养体系，为军工企业和部队输送急需高素质人才	汪信、袁军堂、梅锦春、李晓梅、陈仁平	二等奖
11	2009	我国高等教育自动化专业人才培养面临的新问题与对策研究及实践	吴晓蓓	二等奖
12	2009	本科毕业设计（论文）质量保证机制的研究与实践	袁军堂、张永春、梅锦春、裴艳敏、崔骥	二等奖
13	2014	构建多学科交叉平台，实施项目教学，提升大学生工程创新能力	徐建成、宗土增、黄晓华、李涛、居里锴、鞠晨鸣、申小平、王克鸿、郭健、姜斌、王辉、李鹏飞、刘东升、缪莹莹	二等奖
14	2014	"兴趣–基础–素质–能力"互保互进的大学数理力基础课程教学模式	杨孝平、章定国、李相银、许春根、谢玉树、赵培标、邓开明、徐志洪、陈萍	二等奖
15	2014	立足工程教育，致力学生"四大"能力培养——电工电子课群教学改革与实践	王建新、黄锦安、蒋立平、黄爱华、花汉兵、康明才、刘光祖、蔡小玲、李军、李伦波	二等奖
16	2018	军民融合、校企协同，培养具有献身精神的兵器类专业人才	何勇、袁军堂、谈乐斌、张相炎、杨国来、汪惠芬、王栋、姚文进、姚建勇、李向东、孔德仁、万雪、宋卓然、何卓菲、赵灵	二等奖
17	2018	化工大类工程创新型人才培养体系构建与实施	钟秦、王泽山、解立峰、刘大诚、贾红兵、王娟、张新乐、郝艳霞、姚薇	二等奖
18	2018	重创新要素，强全链培养——自动化专业学生创新能力培养模式的探索与实践	吴晓蓓、王海梅、吴益飞、李银伢、李胜、郭健、戚国庆、谢蓉华、郭毓、陈庆伟	二等奖
19	2018	面向国家战略，引领学生发展——"工程精英"人才培养体系构建与实践	廖文和、黄爱华、高倩菁、杜伟、车文荃、王浩平、鞠晨鸣	二等奖
20	2018	科教融合、产学协同，理实一体，构筑财会专业研究生教育特色资源共享平台	王竹泉、綦好东、孙建强、曹玉珊、温素彬、张月玲、孙莹、杜爱、王贞洁、王苑琢、程六兵、杜瑞	二等奖

国家级教学成果奖

部分国家级教学成果奖获奖教师及荣誉证书

（二）教师教学竞赛

我校高度重视教师教学竞赛，支持教师参加各级各类比赛。近年来，我校教师在全国青年教师教学竞赛、省级和国家级微课教学竞赛、省级多媒体课件比赛、学校讲课竞赛等一系列比赛上荣获佳绩。

1. 省级及以上教学竞赛

近年来，学校获得全国青年教师教学竞赛一等奖、二等奖、三等奖各1项，江苏省青年教师教学竞赛特等奖2项，一等奖3项，三等奖1项，优胜奖1项。江苏省高等学校优秀多媒体教学课件遴选一等奖4项。

部分获奖教师及荣誉证书

2. 省级及以上微课竞赛

江苏省微课教学竞赛每两年举办一次，2015年开始举办微课大赛，2015年我校获得江苏省微课教学竞赛一等奖4项，二等奖9项，三等奖9项，全国高校数学微课程教学设计竞赛华东赛区特等奖1项，全国一等奖1项。2017年我校获得江苏省微课教学竞赛一等奖8项，二等奖13项，三等奖11项。

获奖证书

（三）"挑战杯"竞赛

"挑战杯"全国大学生课外学术科技作品竞赛是由共青团中央、中国科协、教育部和全国学联共同主办的全国性大学生课外学术实践竞赛，每两年举办一届，被誉为当代大学生科技创新的"奥林匹克"。

2015年11月，在第十四届"挑战杯"全国大学生课外学术科技作品竞赛全国终审决赛中，我校与清华大学、上海交通大学并列全国第一，共同捧得"挑战杯"，我校成为第7个捧回"挑战杯"竞赛奖的高校。

参赛人员及捧得"挑战杯"留影

（四）学生竞赛

1. 本科生

学校将学术科技竞赛视为培养学生实践创新能力、团结协作能力、集体

下篇　昭彰勋业担使命

第五章　为党育人　为国育才——人才培养育英才

荣誉感、拼搏精神等优秀品质的重要手段。近 5 年来，学生每年参与 100 余项学科竞赛，参与面广，取得的成绩突出，在省部级以上重要学科竞赛获奖 3 013 项、5 003 人次，获奖人次年均增长 36.83%。

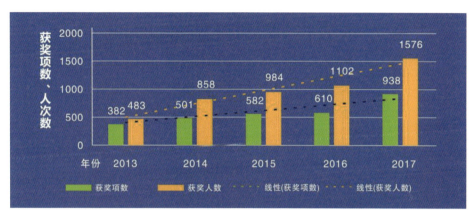

2013—2017 年省级及以上学科竞赛获奖情况

（1）全国大学生数学建模竞赛、国际数学建模竞赛

我校学生自 20 世纪 90 年代开始广泛参与全国大学生数学建模竞赛，近十年共计获得全国一等奖 9 项、二等奖 30 项。在国际数学建模竞赛中亦屡创佳绩，共计获得一等奖 29 项、二等奖 89 项。

我校学生在全国大学生数学建模竞赛中取得的部分获奖证书

185

（2）全国周培源大学生力学竞赛

在历届全国周培源大学生力学竞赛中，我校学生屡创佳绩。首次参赛即获得团体优胜奖。在第七届和第八届竞赛中，全国第一名奖项均由我校学生斩获。在最近的5届比赛中，获得特等奖6项，一等奖11项。2013年，全国周培源大学生力学竞赛首次设立"基础力学实验"团体赛，我校荣获全国唯一特等奖。

获第九届全国周培源大学生力学竞赛"基础力学实验"团体赛特等奖

（3）中国机器人大赛

近十年来，我校学生参加中国机器人大赛成绩斐然，获得多项一等奖，并以优异的成绩接受CCTV记者采访。

2014中国机器人大赛全国总决赛——亚军（特等奖）　　2014中国机器人大赛全国总决赛——季军（特等奖）

下篇 昭彰勋业担使命

第五章 为党育人 为国育才——人才培养育英才

我校学生参加机器人大赛剪影

（4）全国大学生物理实验竞赛

在第二届全国大学生物理实验竞赛中，我校共获得一等奖1项、二等奖1项、三等奖1项，是江苏省和工信部所有参赛高校中成绩最好的高校，名列全国高校前茅。在第三届竞赛中，共获得一等奖2项、二等奖1项。我校的总体成绩仅排在北京大学之后，名列全国第二。在第四届竞赛中，学校获得了3个一等奖，是全国所有参赛高校中成绩最好的高校，名列参赛56所高校第一。

我校学生参加全国大学物理实验竞赛剪影

（5）"蓝桥杯"全国软件专业人才设计与创业大赛

在"蓝桥杯"全国软件专业人才设计与创业大赛中，我校多次荣获优胜学校奖和优秀组织奖，总成绩在江苏赛区多次名列第一，在全国总决赛中名列前茅。2013年我校学生荣获全国总决赛JAVA软件开发本科A组全国第一名，总成绩全国第二名。

我校学生参加全国软件专业人才设计与创业大赛剪影

（6）国际红点设计大赛

该项赛事是世界上知名设计竞赛中最有影响的竞赛，素有设计界的"奥斯卡"之称。我校参加该项竞赛取得了令人瞩目的成绩。近年来我校学生连获红点奖，2011年获得概念设计类至尊奖（最佳中的最佳），成绩被中央电视台新闻报道。设计艺术与传媒学院龚华超同学为笔记本电脑设计独立小键盘，获得国际设计界"奥斯卡"顶级奖——德国红点奖设计类"最佳中的最佳"奖。

王辉老师（右2）、龚华超同学（左2）和红点奖主席Peter Zec先生（右1）、红点奖亚洲区主席邱智坚先生（左1）在颁奖现场

下篇　昭彰勋业担使命

第五章　为党育人　为国育才——人才培养育英才

（7）全国大学生工程训练综合能力竞赛

我校参加该项赛事屡次获得佳绩，两次在全国总决赛中荣获一等奖。

我校学生参加第二届全国大学生工程训练综合能力竞赛剪影

（8）全国大学生化工竞赛

在全国大学生化工设计竞赛中获得一等奖3项、二等奖3项。在2017年的首届全国大学生化工实验大赛总决赛中获得一等奖1项。

我校学生在2017年第一届全国大学生化工实验大赛全国总决赛中获奖

（9）"外研社杯"全国大学生英语辩论赛

我校参加该项赛事屡次获得佳绩，两次在全国总决赛中荣获一等奖。

我校学生在第十九届"外研社杯"全国大学生英语辩论赛全国总决赛中获奖

（10）方程式汽车大赛

从 2011 年起，我校连续 6 年参加中国大学生方程式汽车大赛。学生社团"NUT 车队"依托"方程式赛车研发工作室"，每年制作一辆方程式赛车参赛。2012 年南京理工大学方程式赛车新车发布会在南京国际车展上举行。2015 年起，增加了电车组，我校学生社团"E·Motion 车队"成立，每年有油车和电车参赛。2016 年，我校第 6 辆自主设计制作的油车在大赛中获得佳绩，在全国高校 79 支参赛队伍中跻身 16 强，在高速避障项目中进入前十名。

我校学生参与方程式赛车活动留影

下篇　昭彰勋业担使命
第五章　为党育人　为国育才——人才培养育英才

2. 研究生

学校按照"学校主导、学院主体、学科协同"的组织模式和"项目培育、校内初赛、选拔参赛"的竞赛模式，积极组织研究生参加全国研究生创新实践系列活动，参与面广，成果丰硕。近年来，参赛人数及获奖人数稳中有升，总成绩在全国、工信部、江苏省均名列前茅。

（1）全国研究生数学建模竞赛

我校为全国研究生数学建模竞赛常务理事单位，从第一届比赛即组织学生参赛。近5年来，我校成绩斐然，每年均有团队斩获一等奖，获奖比例逐年提高，连续3年获得全国研究生数学建模竞赛优秀组织奖。

（2）中国研究生智慧城市技术与创意设计大赛

我校学生积极参与中国研究生智慧城市技术与创意设计大赛，2015年获全国优胜奖两项，2017年取得突破，获全国一等奖1项、三等奖2项、优胜奖2项，学校获大赛优秀组织奖。

研究生2016年数学建模竞赛一等奖代表

我校学生参加第四届中国研究生智慧城市技术与创意设计大赛

（3）中国研究生电子设计竞赛

学校大力支持研究生参与中国研究生电子设计竞赛，近年来，我校在该项赛事上不断取得突破。2015年、2016年分别获全国一等奖3项和2项，2017年获全国一等奖5项，省部级各类奖项数十项，其中全国一等奖数量位居全国高校第一，参赛团队进入全国前10名，学校连续多年获优秀组织奖。

2018年，我校研究生作品《Cellmonitor培养箱活细胞动态三维显微系统》从全国235所高校、2 437支参赛队伍中脱颖而出，以绝对优势排名第一，夺得全国特等奖，实现了我校在该项赛事中的突破。

第十三届中国研究生电子设计大赛部分参赛代表

（4）全国研究生移动终端应用设计创新大赛

在全国研究生移动终端应用设计创新大赛中不断取得突破。2015年、2016年获全国三等奖2项、2017年获全国二等奖2项，全国三等奖3项，学校获优秀组织奖，学校排名在决赛62所高校中位居12名。

下篇　昭彰勋业担使命
第五章　为党育人　为国育才——人才培养育英才

"歌尔杯"第三届全国研究生移动终端应用设计创新大赛部分参赛代表

（五）江苏省研究生科研创新计划

近年来，我校获得江苏省研究生科研与实践创新计划立项数稳步提升。2018年获批立项230项。

序号	年份	立项数
1	2005	5
2	2006	8
3	2007	14
4	2008	15
5	2009	20
6	2010	44
7	2011	104
8	2012	79
9	2013	84
10	2014	175
11	2015	175
12	2016	175
13	2017	155
14	2018	230

2005—2018年我校江苏省研究生科研与实践创新计划立项情况

（六）本科生科研训练典型成果

在2012年11月举办的第五届全国大学生创新创业年会上，王倩舒团队研制的"桥梁检测爬壁机器人"同时获得"创新项目奖"（全国仅10项）和"我最喜爱的项目奖"（全国仅10项）两项最高荣誉

2015年，张庆昊团队的"基于光电引导的智能车"荣获了第八届全国大学生创新创业年会"我最喜爱的项目奖"

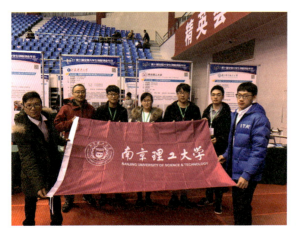

2017年，"火星探测模拟智能小车"获得第十届全国大学生创新创业年会"我最喜爱的项目奖"

下篇　昭彰勋业担使命

第五章　为党育人　为国育才——人才培养育英才

"朱绪飞、宋晔"导师团队（化工学院）共指导过国家级、省级和校级科研训练项目20项，受益学生达56人。项目团队内部形成了"比学赶帮超"的良好氛围，学生以第一作者共发表SCI英文论文29篇（其中一区8篇，二区10篇），两次获得"工信部创新一等奖学金"。

朱绪飞、宋晔团队获奖资料

吴晔团队（材料学院）基于国家级创新训练项目"新型透明柔性阻变存储器的制备"的研究成果，在 *Nano Research*（影响因子为8.893的SCI期刊）上发表论文《氧化锌包覆提高无机卤素钙钛矿忆阻器性能及稳定性》，成为我校首个以第一作者身份在高影响力期刊（影响因子>8）发表论文的本科生团队。

吴晔团队获奖论文

第六章

培根铸魂 启智润心——校园文化提品位

坚持以习近平新时代中国特色社会主义思想和党的十九大精神为指引，深入贯彻落实全国高校思想政治工作会议精神，积极培育和践行社会主义核心价值观，通过整体规划，有序推进，协调发展，打造文化精品，培育先进文化和增强文化认同，有效提升了大学文化铸魂育人实效，为学校事业发展营造了昂扬奋进的发展氛围和良好的社会声誉。

一、深化行为文化实践

坚持正确的育人方向，大力弘扬以奉献为核心的南理工精神，引导广大干部师生"心往一处想、劲往一处使"；积极培育良好的师德师风和教风学风，激励青年教师砥砺奋进，引领青年学生奋发成才；大力传播"有大家才有小家"的理念，引导广大干部教师强化"整体利益高于局部利益"共同体意识，自觉服从和服务于学校改革发展大局，努力构建风清气正的文化环境和安定有序的办学育人环境。

（一）树理想，促发展

高度重视大学生思想政治教育工作，坚持"育人为本、德育为先"，以学生为中心，以学生的"健康成长、顺利成才、富有个性、全面发展"为目标，构建了"学校有主题、学院树品牌、年级抓常规"的日常思想政治教育体系，分别以"为党旗添彩，让青春闪亮""明礼诚信立德树人，个性成长全面发展""践行核心价值观，爱校荣校作奉献""我的中国梦"等为年度教育主题，开展了"百时奉献""牵手"计划、每月主题阅读、"升国旗、爱祖国""最美毕业季"等主题实践教育活动。

下篇　昭彰勋业担使命

第六章　培根铸魂　启智润心——校园文化提品位

工信部领导为师生讲形势与政策课

校党委领导为青年学生讲授"新时代青年学子的使命和担当"专题党课

校长付梦印每年为所有新生上入学第一课

（二）明师德，正师风

制定实施《南京理工大学关于加强师德师风建设的实施意见》，定期开展"我最喜爱的老师""幸福家庭"评选等活动，引导教职员工崇德向善；开展教师节表彰大会、教师先进事迹报告会、"建功'十三五'，岗位做贡献"主题实践活动，发挥榜样群体的示范引领作用；每两年开展一次全校教育教学思想大讨论，激发教师弘扬师德和改进师风教风的主动性和自觉性。

师德师风教育活动

（三）重实践，长才干

将社会实践纳入人才培养的全过程，探索建立"课余经常性实践""双休日重点性实践""寒暑期集中性实践"三种实践模式，学校连年获评"全国暑期社会实践活动先进单位""江苏省暑期社会实践活动先进单位"。支持学生社团开展主题鲜明、健康有益、丰富多彩的活动，现有学生社团百余个，各类社团百花齐放，形成了积极向上的育人环境。

青春兰杉实践团赴兰考县进行"探寻兰考攻坚脱贫的精神密码"国情社情调研

"纪念抗战胜利70周年"寻访抗战老兵社会实践活动

"蓝之舞"自行车协会参加"追本溯源 再续辉煌"　　校登山协会成功登顶珠穆朗玛峰
校庆60周年主题骑行活动

（四）艺赋质，文载道

高度重视大学生文化素质教育工作，大力推进科学精神与人文素养的融合培养，获批"国家级文化素质教育基地"。经多年建设，二月兰文化节、高雅艺术进校园、五月诗会、艺文讲坛等已经成为广大师生耳熟能详的文化品牌，深受师生欢迎。学生文艺演出多次获得国家级奖励。

全国大学生艺术展演活动获奖情况

届次	获奖时间	获奖类别	获奖项目
第一届	2005	艺术表演类一等奖	舞蹈《马缨花》
第二届	2009	艺术表演类二等奖	短剧《抉择》
第三届	2012	艺术表演类一等奖	短剧《情系恰巴山》
		艺术表演类二等奖	声乐《走着》
第四届	2015	艺术表演类一等奖	短剧《蓝蓝的梦》
		艺术表演类二等奖	舞蹈《江南水趣》
		艺术表演类二等奖	器乐《轻骑兵进行曲》
第五届	2018	艺术表演类一等奖	短剧《二月兰》
		艺术表演类一等奖	舞蹈《军工学子》

高雅艺术进校园活动

二月兰文化节活动

邀请国内外诗人举办五月诗会会场

二、优化校园文化环境

（一）纵向：精神文化景观带

建设文化与自然相融合的美丽校园，打造融观赏性、艺术性和文化性于一体的高品位文化景观，建成了定位准确、功能完善、自然景观与文化景观相得益彰的校园景观文化体系。科学的规划、精心的设计建设以及日常管理，使校园成为师生学习、工作、生活的理想场所。

办学理念　　　　　　　　　　　二道门

校训石（原在南广场）　　　　　　校风碑

（二）横向：历史文化景观带

以"铸剑为犁——人民军工发展之路"为主题，建成友谊河南岸历史文化景观带"止戈园"，使之成为展示学校办学特色、办学历史和办学成就的重要文化景观。

陈赓院长雕像　　　　　　　　　孔从洲院长雕像

止戈园

（三）园林、小品

精心打造体现学校自然风貌的冶园、熹园、谊园，体现人文内涵的和平园、思园、时间广场等，人物雕塑、公共艺术品等点缀其中，在校园中形成了特殊的文化艺术传播场，起到了校园公共艺术潜移默化、"外化于形、内化于心"的良好教育效果。

冶园　　　　　　　　　和平园　　　　　　　　　紫霞湖

校园小品：思念　　　　　　　　校园小品：思想

三、凝塑特色文化品牌

在传承历史的基础上，经过长期凝练积淀，逐步形成了以"军工文化""奉献文化""双创文化""暖心文化"为代表的特色文化，为推动学校改革发展凝聚了人心、汇聚了力量。

（一）军工文化

始终秉承和发扬"哈军工"鲜明的军工文化传统，在高品位大学文化的建设过程中，结合时代要求、办学目标和师生实际，在人才培养、科学研究、社会服务等多方面形成了以"献身"精神为核心、以强烈的使命感和责任感为内涵的军工校园文化，取得了广泛的社会美誉度。

师生在兵器博物馆参观，听取讲解

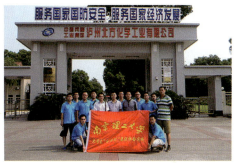
每年开展"国防行"暑期就业实践活动

社会实践小分队

同唱和平歌

纪念抗战主题教育活动

（二）奉献文化

以开展大学生党员"百时奉献"活动和青年志愿服务活动为主体，通过加强精神文化、物质文化、行为文化三个层面建设，构建了以"奉献、服务、互助"为特征的奉献文化体系，成为学校社会主义核心价值体系教育的标杆。

青奥会志愿者

学生党员学雷锋百时奉献岗揭牌启动仪式

爱心助梦仪式

社会工作志愿者李京京（后排左四）在雅安

下篇 昭彰勋业担使命

第六章 培根铸魂 启智润心——校园文化提品位

（三）双创文化

把"双创"文化融入人才培养全过程，切实增强学生的创业意识、创新精神和创造能力，厚植"大众创业、万众创新"的文化土壤，让弘扬"双创"精神、投身"双创"活动成为广大学生的自觉追求，形成有示范和辐射作用的"双创"文化品牌。

校园文化建设获奖

我校学子在2016"创青春"全国大学生创业大赛全国终审决赛中捧得"优胜杯"

我校Alliance战队挺进RoboMaster机甲大师全球总决赛

（四）暖心文化

以立德树人为根本出发点，关爱学生身心成长，相继推出了系列有温度的暖心举措，如学生工作"四个常"，即"常进学生门、常知学生事、常解学生忧、常暖学生心"；运用大数据技术精准帮扶的"暖心饭卡"工程，学生宿舍区设立爱心驿站、爱心宿舍、爱心教室和生活课堂"三爱一堂"等，体现了学校"以学生为中心"的育人理念，彰显了"南理工"特有的暖心大爱。

205

南理工记忆

"暖心饭卡"获《人民日报》点赞　　　　　　　学生工作"四个常"

学生宿舍"三爱一堂"

第七章

严管厚爱　求实争先——学生管理显爱心

学生工作紧紧围绕"立德树人"的根本任务，坚持"育人为本、德育为先"和"严管厚爱、求实争先"的工作理念，紧扣时代主题，健全优化体系，完善强化机制，着力提升质量，不断突出大学生思想政治教育的内涵式发展，力求"常规工作求精细、重点工作求突破、特色工作求提升"，为学校人才培养质量提升和"双一流"建设做出积极贡献。

一、深入开展思想教育，增强爱国成才意识

（一）开展主题教育

坚持育人导向，突出价值引领，每年坚持"学校有主题、学院创品牌、年级抓常规"的工作模式，抓住重大历史纪念日和重要时间节点等关键契机，深入开展主题教育活动。做深教育育人，立德树人主题。

上专题党课"党的十九大为大学生思想政治教育指引新方向"

邀请卢柯院士做客"纳米——从梦想到实践"大师系列访谈活动

举办"砥砺奋进中国梦,青春献礼十九大"主题活动

举办王泽山院士先进事迹交流会

历年来育人教育主题

年度	主题
2011年	为党旗添彩、让青春闪亮
2012年	明礼诚信立德树人、个性成长全面发展
2013年	践行核心价值观、爱校荣校作奉献
2014年	知礼明德共担社会责任、创新实践同圆成才梦想
2015年	诚实守信做人、修身敬业爱国
2016年	铭记历史辉煌、争当时代先锋
2017年	弘扬爱国主义精神、筑就青春发展梦想
2018年	不忘初心绽放奋斗青春、牢记使命书写人生华章

下篇 昭彰勋业担使命

第七章 严管厚爱 求实争先——学生管理显爱心

开展"两院院士寄语当代大学生"活动

开展"对话新时代、追寻中国梦"主题教育活动

举办"研究生学习十九大精神微党课大赛"

组织开展研究生新生党支部书记培训

开展"穿越改革开放40年，砥砺共筑中国梦"活动

"红话筒"政治理论宣教团授牌

（二）开展仪式教育

连续多年举行本科生毕业典礼暨学位授予仪式，增进毕业生的母校情和师生情。连续多年开展新生入学教育活动，创新教育形式、拓宽教育载体，引导新生尽快适应大学生活，开启人生新篇章。

举办2018级本科生开学典礼

举办"青春起航　梦想飞扬"2017届本科生毕业典礼暨学位授予仪式

（三）开展国防教育

坚持多年对学生集中开展军事训练，连续20年举办国防知识竞赛；开展爱国教育活动，每周举行升旗仪式，筑牢国防意识，使爱国主义思想深入人心。

2016年9月30日，召开学生军训动员大会

开展国防知识竞赛

开展主题升旗仪式

2017年入伍学生欢送会

（四）实施典型育人

自2010年以来连续9年举办学生表彰大会暨"青春托起中国梦"大学生报告会。涌现出江苏省大学生年度人物3名，全国大学生年度人物1名。开展本科生培养"先锋计划"，着力培养一批素质全面、能力突出、个性鲜明的拔尖领军人才。从2015年起在研究生中实施"经纬计划"，着力培养具有行业领军人物潜质的高素质复合型人才。

丁云广获得2013年"江苏省大学生年度人物"以及2014年"全国大学生年度人物"

全国优秀共青团员 张璐

"先锋计划"五大培养模块

连续三年开展本科生培养"先锋计划"

下篇　昭彰勋业担使命

第七章　严管厚爱　求实争先——学生管理显爱心

经纬讲堂

团队活动

（五）强化实践育人

坚持创新和传承，连续14年开展大学生党员"百时奉献"实践活动。这已成为我校大学生党建工作的传统和特色。坚持"走出去"，连续13年开展"国防行""名企行"暑期社会实践活动，增强学生奉献国防、服务"三化"的意识。

组织开展"博士服务团""重走复兴之路"和"'一带一路'社会实践"、优博培养对象"国防行"、研究生志愿服务队等多种形式的社会实践活动，组织研究生参加教育部"蓝火计划"博士生工作团，教育引导研究生在亲身参与中增强实践能力、树立家国情怀。

2012年大学生党员学雷锋百时奉献岗揭牌启动仪式

连续5年持续开展"雷锋伞"活动

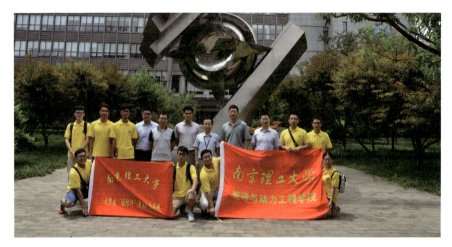

"国防行"走访兵器203所

"国防行"走访成都飞机工业集团

"名企行"参观浙江绍兴小轩窗有限公司

"优博行"社会实践

连续两年获评教育部"蓝火计划"优秀组织单位称号

二、实施精细化管理，健全优化服务体系

（一）强化"助学"

依托"三三三"本科生学业支持体系，打造五大品牌活动，开展"学霸开讲"、"走近名师名家——大家谈治学""校长奖章成长吧"主题沙龙、"十大最美笔记"评选和考试"零"违纪学院创建等"优良学风助我行"系列活动。做实五项指导工作，开展"名师辅导""学导课堂""乐学空间"、期末考试实战模拟（21 438 人次）、《导学指南》修订等工作，精准帮辅学困生 5 570 人次，不及格率、学业警示率、考试违纪率不断降低。

2016 年 4 月召开本科生学业支持体系建设启动仪式

2015 年开展"学霸开讲"100 讲暨"优良学风助我行"活动推进会

补（缓）考率

（二）强化"助业"

做好就业指导服务，持续助推毕业生高质量就业。近年来面对复杂严峻的就业形势，我校扎实推进"品牌毕业生""高端就业平台""企业战略合作""优质就业服务"及"卓越就业团队"等"五大就业工作计划"，每年圆满完成就业率、升学出国率、国防计划等"三大就业工作指标"。出国升学率更是连年提升，2017年达到52.85%，充分体现我校教育教学质量的提高。

近五年本科毕业生升学出国率

下篇　昭彰勋业担使命

第七章　严管厚爱　求实争先——学生管理显爱心

实施"助飞起航"计划，走访贵州重点国防企业

江苏省理工类暨南京理工大学秋季大型招聘会

2016年信息技术联盟模拟招聘大赛

江苏省2016年大学生就业能力提升培训

我校实现江苏省职业规划大赛三连冠（2016年）

学校被授予"全国就业先进工作单位""全国毕业生就业典型经验高校"等称号。

2011—2012年度我校被授予"全国毕业生就业典型经验高校"称号

2012年学校获评"全国就业先进工作单位"

（三）强化"助心"

完善"教育为主、预防为先、协同助力、立体长效"的积极心理健康教育新体系，促进学生阳光生活、健康成长。广泛深入地开展心理健康宣传教育，完善"一剧三活动"品牌，同时做好心理咨询服务工作，每年接待咨询400余人次，连续7年学生非正常死亡为0。重视研究生心理健康教育工作，着重加强队伍建设，构建了三级队伍网络。

校园情景剧大赛

3月20日开展"3·20"专场心理健康教育活动

下篇　昭彰勋业担使命

第七章　严管厚爱　求实争先——学生管理显爱心

2017年5月18日，开展"5·25"现场宣传活动

2016年12月1日，开展班级心理日活动

2016年12月2日，获评"江苏省大学生心理健康教育工作先进集体"

（四）强化"助困"

不断健全和优化学生资助服务体系，为学生学习生活排忧解难。探索建立"精准资助"工作机制，确保国家资助政策100%全覆盖。整合社会资源，扩大资助面，开辟"绿色通道"，每年累计发放各类奖助贷2 000余万元，每年提供勤工助学岗位近900个。认真落实《南京理工大学研究生奖助体系改革实施方案》，完善"国家奖学金—学业奖学金—助学金—社会奖助学金—困难补助"五位一体的研究生奖助体系，做好研究生奖助评选和发放工作，保障研究生潜心治学，2017年发放研究生奖助学金1亿多元。

连续四年举办"勤工助学"双选会

2017年9月25日，学校与苏州工业园区签订合作协议

2014年度学生资助工作绩效考评情况

三、完善招生工作机制，确保生源质量渐进提升

学校认真贯彻上级有关招生政策，以选拔素质全面的优秀考生为目的，以健全制度为基础，以有效监督为保障，加强组织领导，狠抓过程管理，确

下篇　昭彰勋业担使命

第七章　严管厚爱　求实争先——学生管理显爱心

保平安阳光招生。面对高考改革带来的新挑战，学校充分整合拓展招生宣传渠道，构建招生部门主导、多部门协同联动的系统宣传体系，以招生队伍建设为抓手，以中学生源基地内涵建设为主线，以"三个一工程"为保障，落细落实"走出去、请进来"的工作要求，推进招生宣传"日常化、基地化、立体化"，确保生源质量渐进提升。

校领导视察招生远程录取现场

2017年7月20日，校领导赴中学发放录取通知书

为海门中学优质生源基地授牌

2017年11月10日，加入"G7"联盟、"江苏好大学"联盟进行招生宣传

四、深化创业教育机制改革，增强创业教育工作实效

学校构建了"全纳·全融·全链：'以学生为中心'的创新创业人才培养体系"，以"因材施教"为理念，按照"面向全体、分层施教"原则，针对不同学生群体在创新创业知识、能力、素质等方面的差异化需求做好创新创业教学的供给侧改革，促进各类学生的成长发展。以"创新引领"为理念，发挥工科高校科教资源优势，将创新创业教育融入专业教育中，学生通过在

各类教学、科研平台上的训练，不断提升创新创业能力。以"重在实践"为理念，将实践育人与创新创业教育有机结合，整合校内外优势资源，打造三大实践平台，构建从"产品研发—创业模式形成—市场化运营"的创新创业实践全链条，学生可以自主参与各实践环节，全面拓展创新创业素质。

学校领导受邀参加第七届全国高校创新创业教育高峰论坛并做专题发言

中美青年创客交流中心揭牌仪式

工信部领导出席首届"工信创新创业奖学金"表彰大会并参观我校创新创业项目

下篇　昭彰勋业担使命

第七章　严管厚爱　求实争先——学生管理显爱心

　　我校先后被评为国家"大众创业、万众创新"示范基地、全国创新创业典型经验高校、全国深化创新创业教育改革示范高校、全国高校实践育人创新创业基地和中美青年创客交流中心、江苏省大学生创业教育示范基地、江苏省互联网众创园、江苏创业示范基地大学生创业园，成为全国仅有的 6 所获得目前所有 5 项创新创业类国家级荣誉的高校之一。

2016 年度全国创新创业典型经验高校

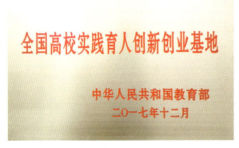

教育部"全国高校实践育人创新创业基地"

教育部"中美青年创客交流中心"

江苏省大学生创业教育示范校

江苏省大学生创业示范基地

江苏省互联网众创园

江苏省大学生创业园

五、强化辅导员队伍建设，会聚提升育人力量

我校辅导员队伍建设坚持"优化结构、加强培养、突出发展"的原则，按照辅导员"卓越计划"实施方案，以"工作作风不断改进、业务能力不断增强、研究水平不断提高、优秀典型不断涌现"为目标，努力打造一支有追求、有能力、有活力、有作为的"四有"学生工作队伍。

近年来，学校涌现出了多位优秀辅导员典型。2013年、2014年、2015年、2016年江苏高校辅导员年度人物——田野、宁德强、赵玉瑜、施维，"全国辅导员年度人物"200强——田野、宁德强、赵茜、赵玉瑜、施维，江苏高校辅导员职业能力大赛一等奖——宁德强、赵玉瑜、杨恒，全国辅导员职业能力大赛华东赛区复赛二等奖——汪品莉。

成立辅导员兴趣协会

承办"2016江苏省大学生年度人物暨高校辅导员年度人物"颁奖典礼

下篇 昭彰勋业担使命

第七章 严管厚爱 求实争先——学生管理显爱心

承办第四届江苏高校辅导员职业能力大赛

举办第五届辅导员职业能力大赛

辅导员工作坊

施维获评"2016江苏高校辅导员年度人物"

汪品莉获得第六届全国辅导员职业能力大赛华东赛区二等奖

第八章

对标一流　追求卓越——师资引育聚俊彦

一、概述

学校坚持以学科建设为龙头，以高层次人才队伍和创新学术团队建设为重点，以改革创新为动力，推进"人才强校"核心发展战略，提升师资队伍水平。

自"九五"以来，学校多次召开师资建设工作会议，相继制定了师资队伍建设"立本三年计划"、师资队伍建设"卓越计划"（一期、二期）、人才引进工作实施办法、人才引进优惠政策、青年拔尖人才选聘计划等系列文件，逐步完善师资队伍建设体系，有力地推进了高层次人才引进和培养、学术团队和教学团队的建设；加大人事分配和聘用制度改革力度，有效地调动了教师工作的积极性和工作热情。

学校已形成尊重人才、汇聚人才、培育人才、服务人才的良好氛围，先后入选"江苏省高层次人才创新创业基地"和"国家创新人才培养示范基地"。

二、师资队伍建设举措

学校围绕高层次人才引进和培育、创新学术团队建设、教学名师和教学团队培育、青年教师成长成才、师资队伍国际化等方面多措并举，不断扩大师资队伍规模，优化师资队伍结构，全面提升师资队伍水平。

近年来，围绕学校"双一流"建设，以打造一流师资队伍为核心任务，以强化高层次人才队伍建设为重点，进一步加强人才引进和培育力度，突出精准引才、定向培育，坚持可持续发展，注重青年人才队伍建设，并按照"三年三步走"的工作步骤，切实推进人事制度综合改革，破除体制机制障碍，优化人才队伍发展环境，关键指标取得新突破。

下篇　昭彰勋业担使命

第八章　对标一流　追求卓越——师资引育聚俊彦

第七届海外青年学者"紫金高层论坛"会场

付梦印校长致辞欢迎海外学子

陈钱副校长主持论坛

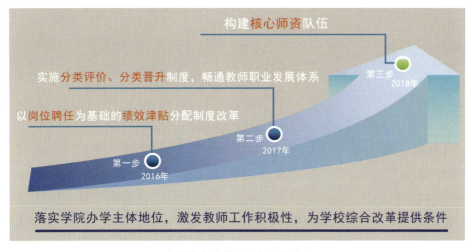

人事综合改革"三年三步走"

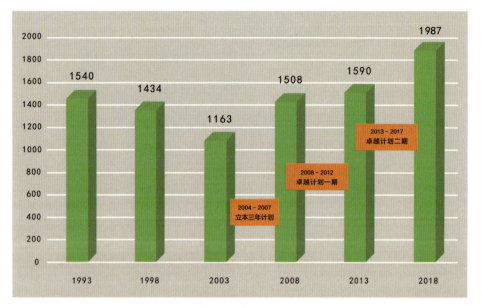

教师队伍规模

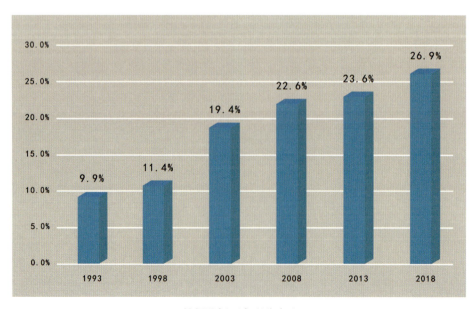

教师队伍正高职称占比

下篇　昭彰勋业担使命

第八章　对标一流　追求卓越——师资引育聚俊彦

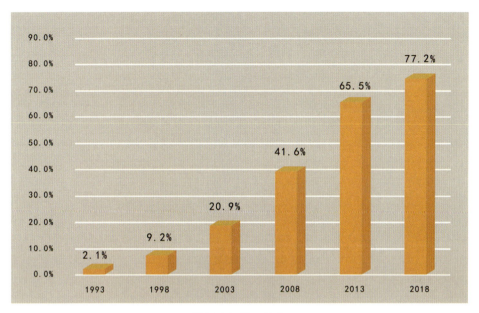

教师队伍博士化率

三、师资队伍现状（2018年）

职称	学历			年龄			总计
	博士	硕士	本科	35岁以下	35-55	55岁以上	
正高	436	48	18	33	333	136	502
副高	543	119	60	96	577	49	722
中级	555	151	50	383	361	12	756
初级	0	7	0	4	3	0	7
总计	1 534	325	128	516	1274	197	1 987

注：2018年专任教师1 987人，其中博士生导师533人，有国外学习经历的856人。

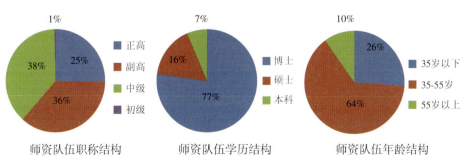

师资队伍职称结构　　师资队伍学历结构　　师资队伍年龄结构

229

高层次人才队伍情况

高层次人才队伍类别	人数
中国科学院院士和中国工程院院士（含双聘）	17
外国院士	3
"海外高层次人才引进计划"入选者	19
"万人计划"入选者	16
长江学者	18
"国家杰出青年基金"获得者	8
"国家优秀青年基金"获得者	8
"973"首席科学家	8
国务院学位委员会学科评议组成员	9
"国家级教学名师奖"获得者	3
国家级有突出贡献中青年专家	8
"政府特殊津贴"获得者	201
"国家百千万人才工程"入选者	14
教育部"新世纪优秀人才支持计划"入选者	25
国防科技工业"511人才工程"入选者	22
江苏特聘教授	14
江苏省"高层次创新创业人才引进计划"入选者	15
江苏省"333高层次人才工程"入选者	212
"江苏省教学名师奖"获得者	10
江苏省高校"青蓝工程"入选者	141
教育部"长江学者和创新团队发展计划"创新团队	5
国家级教学团队	5
国防科技创新团队	9
江苏省各类创新团队	24

注：截止时间为2018年底。

四、人才荟萃（2018年）

（一）院士风采

1. 国内院士

李鸿志

弹道学专家，南京理工大学教授，博士生导师。1994年当选中国工程院院士。

建立了"中间弹道学"的学科框架、理论体系及相关的瞬态流场测量方法，推动了中国弹道学科研事业的发展。系统研究了工业粉尘与气云爆炸的发生、发展与防治机理。先后解决了"等离子体对含能工质点火与增强燃烧""强电磁干扰下参数诊断与控制"等关键技术。

下篇 昭彰勋业担使命

第八章 对标一流 追求卓越——师资引育聚俊彦

▶ 王泽山

含能材料专家,南京理工大学教授,博士生导师。1999年当选中国工程院院士。

研究了发射药燃烧的补偿理论,发现了低温感含能材料,发明了含能材料的高能量密度的装填方法,解决了身管武器提高初速、增加射程的瓶颈技术及废弃火炸药再利用等多项关键技术,推动了含能材料科研事业的发展。

▶ 芮筱亭

发射动力学专家,南京理工大学研究员,博士生导师。2017年当选中国科学院院士。

长期从事发射动力学和多体系统动力学研究。建立了多体系统发射动力学理论与技术体系,提出了多体系统传递矩阵法,在国际上被称为"芮方法",成为国际上计算速度最快的多体系统动力学方法之一;提出了弹箭高密集度设计、等起始扰动非满管密集度试验、发射安全性评估的发射动力学新原理与手段,提升了我国9项国家高新工程等13型重大装备密集度设计和试验水平与安全性水平。

▶ 杨秀敏

防护工程专家,南京理工大学教授,博士生导师。1995年当选中国工程院院士。

主要从事武器爆炸破坏效应及工程防护对策研究。20世纪70年代,首次将郑哲敏院士提出的流体弹塑性模型应用于触地核爆炸理论分析,率先完成了爆炸成坑及地运动规律的二维数值模拟计算。20世纪90年代后,致力于常规弹头击中靶体后的爆炸冲击近区破坏效应研究。带领博士生编制出具有自主知识产权的爆炸冲击数值计算软件,建立了武器破坏效应三维数值仿真平台,攻克了多弹重复打击安全防护层厚度等系列关键技术难题,为编制新版工程设计规范提供了科学依据。

▶ 刘怡昕

武器系统与运用工程专家，少将军衔，南京理工大学教授，博士生导师。2003年当选中国工程院院士。

长期从事国防科研和教学工作，在武器研制、精确制导武器运用、模拟训练系统和检测器材研制、提高武器作战效能、人才培养等方面均取得了丰硕成果。特别是在武器运用与研制相结合方面做了大量开拓性工作。构建了精确制导的武器系统与运用工程学科，创建了相应的理论体系。

▶ 卢柯

材料科学专家，南京理工大学教授，博士生导师。2003年当选中国科学院院士，2004年当选发展中国家科学院院士，2005年当选德国国家科学院院士。

长期从事金属纳米材料的基础研究。发展了非晶合金完全晶化法、脉冲电解沉积法、金属材料表面纳米化、动态塑性变形法等多种纳米金属材料的主要制备技术。深入系统地研究了金属纳米材料的结构特征及其演化规律、结构性能关系及结构稳定性，揭示了纳米材料的一些奇异性能。研究了纳米晶体的熔化与过热行为，建立了过热晶体熔化的动力学极限理论，在实验上实现了金属纳米薄膜的稳定过热。

▶ 苏哲子

火炮武器系统设计专家，南京理工大学教授，博士生导师。2005年当选中国工程院院士。

开创了我国自行火炮武器系统研制的时代，突破了火炮武器系统总体设计和履带式军用底盘中的多项关键技术，推动了我国自行火炮武器的发展。解决了我国自主研制坦克和自行火炮涉及的若干重大技术难题，主持研制了轻型坦克、自行火箭炮、自行反坦克炮、自行加榴炮等多项重型武器装备。

下篇　昭彰勋业担使命

第八章　对标一流　追求卓越——师资引育聚俊彦

▶ 崔向群

　　光学工程领域专家，南京理工大学教授，博士生导师。2009年当选中国科学院院士，2010年当选第三世界科学院院士。

　　研制成功世界上最大口径的大视场和光谱获取率最高的大天区面积多目标光纤光谱望远镜，为中国在大样本天文学特别是宇宙大尺度结构、暗能量探索和银河系形成演化研究走上国际前沿创建了平台。在国际上首次提出并实现薄变形镜面和拼接镜面相结合的主动光学方法，将中国望远镜研制水平推进到国际前沿，还为中国研制未来极大望远镜奠定了基础。

▶ 杨绍卿

　　外弹道学与灵巧（智能）弹药武器系统工程领域专家，南京理工大学教授，博士生导师。2011年当选中国工程院院士。

　　我国末敏弹技术与装备领域的主要开拓者和奠基人之一，我国野战火箭散布、稳定性和偏差修正理论体系及灵巧（智能）弹药理论和工程设计方法体系的主要创建者之一。创造性地发展了火箭弹散布、稳定性和偏差修正理论，建立了灵巧（智能）弹药理论和工程设计方法；主持研制成功世界一流的我国第一个末敏弹武器系统；成功推进了我国常规弹药向灵巧（智能）化的转型升级。

▶ 金亚秋

　　微波遥感领域专家，南京理工大学教授，博士生导师。2011年当选中国科学院院士。

　　长期从事复杂自然环境与目标电磁散射、辐射传输与空间微波遥感定量信息技术领域的研究，形成了"空间微波遥感全极化电磁散射与定量信息"的系统理论；发展了"自然介质矢量辐射传输理论"及其在地球环境星载微波遥感、探月与深空探测等领域的应用；发展了"复杂背景环境与特征目标复合电磁散射"的理论建模、数值模拟、天地海环境目标特征识别的计算电磁学理论方法与技术应用。

233

▶ **陈志杰**

国家空管专家，南京理工大学教授，博士生导师。2011年当选中国工程院院士。

主要从事空中管制技术研究，主持完成20余项国家、军队重大科研项目，在自动化协同管制、空域管理与控制及信息处理方面做了基础性和开拓性工作，于20世纪90年代初成功研制出我军首套机场、分区级自动化空管系统，主持构建了覆盖全国空域的一体化空中管制指挥平台。在国内率先开展军航自动相关监视技术研究，成功研制出具有自主知识产权的新航行系统。

▶ **尤政**

微米/纳米技术、微/纳卫星技术专家，南京理工大学教授，博士生导师。2013年当选中国工程院院士。

在国内率先开展了微纳技术及其空间应用研究，在基于微纳技术的航天器功能部件微型化方面，研制了一系列具有国际先进水平的微型化、高性能的空间微系统并实现了在轨应用；同时在我国率先开展了微卫星技术创新与工程实践，作为总设计师主持完成了NS-1等多颗微卫星的研制，其中NS-1卫星是世界上在轨飞行的最小的"轮控三轴稳定卫星"（2004年），为我国空间微系统与微卫星的科技进步做出了重要贡献。

▶ **宣益民**

工程热物理专家，南京理工大学教授，博士生导师。2015年当选中国科学院院士。

长期从事能量高效传递、利用与控制研究。建立了纳米流体能量传递的理论与方法，阐明了纳米流体导热和对流换热的微观现象与宏观传递性质之间的本构关系，揭示了纳米流体能量传递的强化机理。发展了近场和远场热辐射的理论与应用方法，建立了适用于不同类型材料的近场热辐射模型，提出了表面热辐射特性调控和太阳能吸收增强方法，建立了目标与背景红外辐射特性分析与控制方法。发明了器件—组件—系统多层次的高功率电子设备热控制方法与技术。

下篇　昭彰勋业担使命
第八章　对标一流　追求卓越——师资引育聚俊彦

▶ **李魁武**

火炮自动武器及弹药（战斗部）工程专家，南京理工大学教授，博士生导师。2015年当选中国工程院院士。

主持研制了我国第一代昼夜型、全自动、高射速25 mm自行高炮系统，填补了我国自行高炮防空/反导领域空白。主持研制的我国新型全天候、信息化、可行进间作战的35 mm自行高炮武器系统综合性能达到国际先进水平，解决了传统高炮不能适应信息化战争防空/反导需求问题。建立健全了我国自行高炮与弹炮结合防空武器系统设计方法体系，推动了防空/反导技术与装备跨越发展。

▶ **陈政清**

工程力学专家，南京理工大学教授，博士生导师。2015年当选中国工程院院士。

长期从事桥梁等大型结构的工程力学问题研究。最早解决我国悬索桥和斜拉桥的三维非线性设计计算问题；在桥梁风工程理论与应用方面有重要贡献；发明了永磁式磁流变减振技术和电涡流减振技术。研究成果成功应用于我国多项重大工程。

▶ **谭建荣**

机械工程专家，南京理工大学教授，博士生导师。2007年当选中国工程院院士。

提出了多品种大批量定制设计技术、多性能数字化样机设计技术和多参数分析与匹配设计技术，将提出的技术固化在软件中，开发并获得计算机软件著作登记权12项。研究成果被国家自然科学基金委员会工程与材料科学部和中国机械工程学会列为2004年机械工业科学技术9项重大进展之一，在包括一批装备行业大型骨干企业在内的多家有影响的制造企业得到成功的应用，有效地支撑和支持了国产重要装备的设计与创新，推进了装备制造企业的技术进步和数字化设计与制造技术的发展。

▶ 冯煜芳

弹道导弹弹头与战斗部技术专家，南京理工大学教授，博士生导师。2017年当选中国工程院院士。

长期从事地地弹道导弹核弹头、常规弹头装备论证与使用技术研究工作，取得多项创新性成果，为火箭军常规弹头高效毁伤、有效突防，核弹头可靠使用、快速反应，核常兼备弹头常规与核精确打击做出了重大贡献。

2. 国外院士

▶ 赫伯特·格莱特（Herbert Gleiter）

德国科学院院士，美国艺术与科学研究院／工程院院士，欧洲科学院院士，印度科学院／工程院院士。南京理工大学格莱特纳米科技研究所所长，教授，博士生导师。

1980年首次提出纳米晶固体的构想，开创了纳米材料方向，引发并推进了纳米科技的发展。

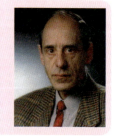

▶ 哈罗德·富克斯（Harald Fuchs）

德国科学院院士，德国工程院院士，第三世界科学院院士。南京理工大学格莱特纳米科技研究所教授，博士生导师。

主要从事扫描探针显微镜技术进行自组装分子结构、纳米生物技术及针尖－样品副理论等领域的研究。

▶ 霍斯特·哈恩（Horst Hahn）

德国科学院院士，欧洲科学院院士。南京理工大学格莱特纳米科技研究所教授，博士生导师。

主要从事纳米陶瓷、纳米金属、纳米薄膜和纳米玻璃的制备、结构、力学、磁学性能等领域的研究。

下篇　昭彰勋业担使命
第八章　对标一流　追求卓越——师资引育聚俊彦

（二）"海外高层次人才引进计划"入选者

　　王田禾　　　　　刘学峰　　　　　周敏　　　　　金明杰　　　　　张强

   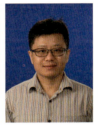 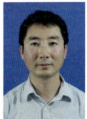

　　李骏　　　　　闫焱　　　　　陈雪梅　　　　　陈志强　　　　　金成

　　朱志伟　　　　　陈胜　　　　　俞叶峰　　　　　苏冠勇　　　　　王跃

（三）长江学者

　　王中原　　　　　陈钱　　　　　陈如山　　　　　徐胜元

 付梦印
 王明洋
 栗保明
 杨健

 李强
 陈本美
 何永昌
 唐金辉

 朱俊武
 曾海波
 张先锋
 丁大志

（四）"国家高层次人才特殊支持计划"入选者（"万人计划"学者）

 卢柯
 廖文和
 钟秦
 王建新

下篇　昭彰勋业担使命

第八章　对标一流　追求卓越——师资引育聚俊彦

　　李强　　　　朱俊武　　　　杨健　　　　唐金辉　　　　曾海波

　　朱英明　　　　冯虎田　　　　张先锋　　　　丁大志　　　　陈龙淼

（五）国家杰出青年科学基金获得者

　　陈如山　　　　徐胜元　　　　王明洋　　　　杨健

　　车文荃　　　　李强　　　　赵永好　　　　曾海波

239

（六）国家优秀青年科学基金获得者

曾海波　　　　朱俊武　　　　丁大志　　　　唐金辉

阚二军　　　　刘伟　　　　　左超　　　　　王玉东

（七）"973"首席科学家

王泽山　　　　王晓锋　　　　宣益民　　　　芮筱亭

马大为　　　　栗保明　　　　付梦印　　　　钱林方

下篇　昭彰勋业担使命

第八章　对标一流　追求卓越——师资引育聚俊彦

（八）国务院学科评议组专家

1. 召集人

　　　李鸿志　　　　钱林方

2. 成员

　　郭治　　　　汪信　　　　邹云　　　　王连军

　　陈如山　　　　廖文和　　　　陈钱

（九）国家百千万人才工程人选

　朱日宏　　　王中原　　　周长省　　　陈钱　　　付梦印

241

廖文和　　　　王明洋　　　　徐胜元　　　　陈如山　　　　李强

张建法　　　　杨健　　　　柏连发　　　　王国平

（十）国家级教学团队

以国家级教学名师钟秦教授为带头人的"化学工程系列课程"教学团队入选 2008 年国家级教学团队

下篇　昭彰勋业担使命

第八章　对标一流　追求卓越——师资引育聚俊彦

以国家级教学名师杨孝平教授为带头人的"大学数学基础课群"教学团队入选2008年国家级教学团队

以国家级教学名师吴晓蓓教授为带头人的"自动控制课群"教学团队入选2009年国家级教学团队

243

以国务院学科评议组召集人钱林方教授为带头人的"武器系统与工程专业课群"教学团队入选2009年国家级教学团队

以江苏省教学名师李亚军教授为带头人的"工业设计"教学团队入选2010年国家级教学团队

下篇　昭彰勋业担使命
第九章　博采众长　深化交流——国际合作促发展

第九章

博采众长　深化交流——国际合作促发展

学校国际化发展可分为 4 个阶段：建校伊始到 1966 年为学习创立时期，苏联专家帮助筹建军事工程学院，学校高水平的国际化发展之路随之开启。1966—1978 年，学校国际化发展进入了我校特有的红色支援时期，培养了大批越南军事留学生。1978—2015 年为多元发展时期，学校国际化发展呈现出多元开放的特点。20 世纪 80 年代，学校选派大量的青年教师赴国（境）外著名高校攻读博士学位。20 世纪 90 年代，学校积极开展引智工作，邀请了大批的国（境）外专家来校进行学术交流和合作。2000 年后，学校大力引进国外优质教育资源，着力培养国际化人才。当前，为更好地服务于学校的双一流建设，学校国际化建设进入了系统推进时期，明确了学校国际化发展的战略思维和国际化建设融入学校核心工作的新举措。

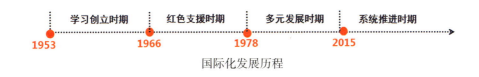

国际化发展历程

一、广交朋友，构建国际合作战略网络

1993 年以来，学校与欧美亚等 26 个国家和地区的近 160 所大学和科研机构签署了合作协议，开展了形式多样的交流合作活动，全面构建了全球性国际交流合作网络。在一对一的交流模式之外，学校积极参与以区域性合作为中心的强强合作联盟，开展一对多和多对一的合作，包括 2011 年加入组建"中俄工科大学联盟"，2015 年加入组建"两岸创新创业大学联盟"和"江苏省—安大略省大学合作联盟"，2017 年加入组建"江苏—英国高水平大学 20+20 联盟"，极大地提高了合作效益。

1997年12月，学校与加拿大拉瓦尔大学签署合作交流协议

2003年9月，学校与德国慕尼黑工业大学签署合作交流协议

2005年6月，学校代表团出访白俄罗斯戈梅利大学

2005年，学校代表团访问越南黎贵敦技术大学并看望校友

2007年11月，巴基斯坦空军大学校长阿哈迈德中将率代表团来校访问

2008年11月，学校代表团出访澳大利亚国立大学并签署校际联合培养协议

下篇 昭彰勋业担使命

第九章 博采众长 深化交流——国际合作促发展

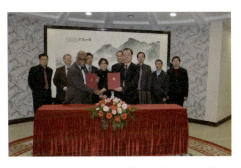

2011年11月，学校与美国马萨诸塞大学波士顿分校签署校际合作备忘录

2012年12月，学校与法国里尔科技大学合作成立"中法自动化与信号国际联合实验室"

2015年，《自然》(Nature)执行主编Nick Campbell来校访问

2016年，美国代顿大学校长代表团来校访问

2017年11月，学校与澳大利亚昆士兰科技大学签署校际合作协议

二、组建平台，推进务实国际交流合作

学校积极与国（境）外高水平大学联合组建国际化学术发展合作平台，建立与国（境）外一流大学和一流学科的长效合作机制，汇聚国际领军人才和创新团队，推动学校学科及其团队的国际化发展。目前，学校共建有13个国际联合实验室（中心），5个海外学术伙伴计划，获批5个教育部和国家外国专家局联合组织实施的高等学校学科创新引智基地（简称"111引智基地"），国家级国际联合研究中心1个，国家级国际科技合作基地1个。

南京理工大学"111引智基地"情况表

序号	基地名称	获批时间	所属学科	国际合作单位
1	高维信息智能感知与系统国家重点学科创新引智基地	2012年	模式识别与智能系统	澳大利亚悉尼科技大学
2	微纳米材料及装备创新引智基地	2013年	材料学	卡尔斯鲁厄理工学院 俄罗斯乌法国立航空技术大学
3	智能弹药系统理论及关键技术创新引智基地	2015年	武器数字化智能化技术	莫斯科鲍曼国立技术大学
4	先进光电成像理论与技术学科创新引智基地	2016年	光学工程	英国格拉斯哥大学 荷兰代尔夫特理工大学
5	形成材料增材制造技术与装备引智基地	2018年	机械工程	比利时鲁汶大学

南京理工大学国家国际科技合作基地

序号	基地名称	获批年度
1	微纳米材料与技术国际联合研究中心	2014年
2	图像测量技术研究国际科技合作基地	2017年

南京理工大学国际联合实验室（中心）情况表

序号	联合实验室名称	成立时间	依托单位	国际合作单位
1	格莱特纳米科技研究所	2012年	材料学院	德国卡尔斯鲁厄理工学院
2	真空等离子体技术国际联合实验室	2012年	化工学院	白俄罗斯戈梅利国立大学
3	中法自动化与信号国际联合实验室	2012年	自动化学院	法国里尔科技大学
4	中德激光熔融成形技术NFC联合科学实验室	2013年	机械学院	德国Concept aser公司 上海福斐科技发展有限公司
5	中意国际创意设计研究中心	2013年	设传学院	意大利米兰理工学院
6	电光学院国际联合研究中心	2013年	电光学院	开放式

下篇　昭彰勋业担使命

第九章　博采众长　深化交流——国际合作促发展

续表

序号	联合实验室名称	成立时间	依托单位	国际合作单位
7	微纳米材料与技术国际联合研究中心	2014年	格莱特纳米科技研究所	德国卡尔斯鲁厄理工学院 德国明斯特大学
8	中俄智能机电系统国际实验室	2015年	机械学院	莫斯科鲍曼国立技术大学 拉明斯克仪器制造设计局
9	微纳电子器件及应用中俄联合实验室	2015年	电光学院	俄罗斯圣彼得堡国立机械、光学与信息技术研究大学
10	中美可编程数字系统联合实验室	2015年	电光学院	美国赛灵思（XILINX）公司
11	光学技术与应用联合实验室	2016年	电光学院	英国格拉斯哥大学
12	先进光电传感技术中比国际联合实验室	2017年	电光学院	比利时鲁汶大学
13	先进激光加工机理及技术国际合作联合实验室	2017年	理学院	莱布尼茨表面改性研究所

南京理工大学海外学术伙伴计划项目列表（2017年项目）

学院	学科/领域	合作院校	项目名称
经管学院	管理科学与工程	卡尔加里大学	南京理工大学与卡尔加里大学大型复杂产品质量与运营管理研究计划
外国语学院	英语语言文学	北卡罗来纳大学	南京理工大学与北卡罗来纳大学英语文学研究计划
机械学院	机械工程	鲁汶大学	南京理工大学与鲁汶大学制造计划
化工学院	含能材料	南加州大学、爱达荷大学、米兰理工大学、俄罗斯科学院、俄罗斯门捷列夫化工大学等	南京理工大学先进含能材料国际研究计划
自动化学院	控制科学与工程	法国国家CRISTAL重点实验室	南京理工大学与法国国家CRISTAL重点实验室复杂受限共融系统研究计划

　　格莱特纳米科技研究所是"微纳米材料与技术国家级国际联合研究中心""微纳米材料及装备"教育部和国家外专局"111引智基地"的实体建设单位，2012年建立，与德国卡尔斯鲁厄理工学院纳米技术研究所、德国明斯特大学纳米技术中心、我国香港城市大学先进材料研究所等结成研究所联盟。该所作为学校首个"人才特区"，创新性地实行了"双核管理"的管理模式，汇聚了以赫伯特·格莱特院士、卢柯院士、富克斯院士、哈恩院士等为代表的一批世界知名纳米材料专家，组建了一支极富学术生产力的专职研

249

究队伍，在纳米非晶、纳米自组装材料、纳米金属材料、纳米能源材料等领域取得了一系列创新性的基础研究成果。当前，学校纳米材料研究达到国内一流水平，材料学科进入ESI学科排名全球前1%，正稳步向世界一流水平迈进。

格莱特教授在实验室交流

霍斯特·哈恩教授做客大师系列访谈活动

高分辨三维原子探针设备

哈罗德·富克斯教授做客"纳米——从梦想到实践"大师系列访谈活动

三、培引并举，打造国际化师资队伍

学校通过设立中青年教师海外研修项目、国际高水平学术论文发表奖励项目等，支持和引导广大教师培养和提高国际学术交流能力。1993年至今，学校共派出近1 700名教师出国参加国际学术会议，派出近1 200名教师到国（境）外攻读博士学位、进修、培训或开展合作研究，有效提升了学校师资队伍的国际化水平。

学校通过在美、英、德、法等发达国家设立招聘会和举办海外青年学者"紫

下篇 昭彰勋业担使命

第九章 博采众长 深化交流——国际合作促发展

金高层论坛"等多种方式，聘请海外高水平专家、中青年学者到校入职工作。近5年，学校引进具有海外博士学位的教师130余人。当前，师资队伍中具有6个月以上出国经历的教师规模已超过40%。

2002年10月，自动化学院教师代表团访问新加坡南洋理工大学

2008年8月，电光学院教师与德国慕尼黑工业大学娜丽萨教授合作研究

2009年9月，学校教师访问卡内基梅隆大学，与MSR项目负责人参观学生实验室

2017年8月杨静宇教授参加杜克大学博士学位答辩

2012年8月，学校青年教师赴美国加州州立大学进行双语教学培训

2017年学校组团赴德国卡尔斯鲁厄理工大学参加 Joint Workshop on Energy Topics

2017年，学校组团在日本举行人才招聘会

2018年，芮筱亭院士赴意大利米兰理工大学进行学术交流

下篇　昭彰勋业担使命

第九章　博采众长　深化交流——国际合作促发展

2018年学校举办第七届海外青年学者"紫金高层论坛"

学校通过国家外国文教专家项目（包括高等学校学科创新引智、高端外国专家项目）和高校重点外国文教专家项目（包括外国青年人才引进项目、学校特色聘专项目）等各类引智项目吸引外国专家来校进行长期或短期的教学科研活动。据统计，从1993年至今，学校累计聘请各类海外专家教授3 200余人来校开设讲座、授课、联合指导研究生和参与修订人才培养方案等多种教学科研、人才培养和管理咨询等活动。

2002年9月，国际力学学会主席，德国专家席勒教授来学校讲学交流

2003年9月，学校授予德国慕尼黑工业大学校长赫曼教授名誉博士学位

2007年3月，学校授予诺贝尔化学奖得主、日本理化研究所理事长野依良治名誉博士学位

2011年9月，荷兰特文特大学艾登伯格教授为紫金EMBA学员授课

2012年10月，学校依托格莱特纳米材料科技研究所的成立，聘请了10余位国外专家教授参与学校科研和教学工作

2013年10月，美国密歇根大学机械工程系Gregory M. Hulbert教授来校学术交流

2014年6月，美国工程院院士、哥伦比亚大学Somasundaran教授来校讲学

2015年10月，美国空军研究实验室首席计算机科学家Michael Sobolewski教授来校讲学交流

下篇　昭彰勋业担使命

第九章　博采众长　深化交流——国际合作促发展

2015年12月，IEEE磁学分会杰出讲师、明尼苏达大学Bethanie Stadler教授来校讲学

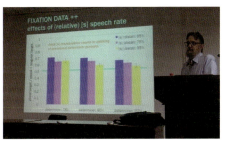

2017年6月，美国艺术与科学学院院士Michael Tanenhaus教授在外国语学院讲学

2017年12月，韩国科学院理学部院士Yeol Je Cho教授在理学院交流讲学

四、稳定规模，提高留学生质量

自20世纪50年代，我校就获得了招收和培养外国留学生资格。从1958年到1974年，我校先后为越南培养了148名高级军事人才。近5年来，学校围绕"一带一路"倡议，积极推进国际化发展进程，培养层次显著提高，国际合作交流硕果累累。已有来自70多个国家和地区的1 000余名在校学历留学生，留学生总体规模在江苏省高校中位居前列。

1. 人才培养

我校高度重视留学生教学团队建设，严格选拔具有国际视野、教学经验丰富且工作认真负责的优秀教师，为留学生讲授专业及汉语课程；构建完善的留学生教育质量保障体系；制定发表论文及参加国际学术会议资助条例，

255

鼓励留学生积极参与学术科研活动，确保培养质量。据统计，近 3 年来留学生发表优秀论文多篇，其中发表于 SCI 一区 7 篇、二区 18 篇、三区 15 篇、四区 15 篇。

留学生在校学习研讨

留学生与指导教师合影

国际教育学院 2018 届毕业生合影

2. 日常管理与文化交流

近年来，随着在校留学生规模的扩大，学校各项规章制度逐步完善，管理和服务水平显著提升，校园国际文化氛围日益浓厚，留学生们在学习科研、生活自律、文体活动、国际交流、品格修养等方面展现出焕然一新的精神面貌，在校内外各类文体艺术展演比赛中屡获佳绩，成为南京理工大学国际交流一块靓丽的品牌。

下篇　昭彰勋业担使命

第九章　博采众长　深化交流——国际合作促发展

首届各国印象文化展

留学生在校第四十七届运动会上田径比赛夺得团体总分第三名

2017年留学生舞龙队夺得国际比赛二等奖

留学生参观历史博物馆

留学生参加江苏电视台2017"同乐江苏"外国人歌唱才艺大赛

留学生参观安徽滁州琅琊山，体验中国文化

3. 优秀留学生典型

我校通过各级各类奖学金评选、文体活动、社会实践、志愿服务，着重培育一批留学生学术精英、文体精英、志愿服务精英、社会实践精英等，通过"卓越引领"计划培育、树立、宣传、推广优秀留学生典型，充分发挥先进典型人物的引领、示范和标杆作用，用行动展示才干，用引领诠释卓越。

优秀留学生及其成果

4. 开拓留学生实习就业渠道

近年来，国家围绕"一带一路"倡议，越来越多中国企业走出国门，积极参与沿线国家建设发展中，为在华留学生实习就业提供了广阔平台。面对新形势，我校积极响应国家号召，依托"感知中国""丝路青年行"等系列活动，建立起以国际化人才培养为导向，以服务中国企业走出去为目的，逐步推进产教融合、校企协同的留学生培养新格局。

下篇 昭彰勋业担使命

第九章 博采众长 深化交流——国际合作促发展

中国政府奖学金获得者参加 2016 年"感知中国",参观金龙客车集团

中国政府奖学金获得者参加 2017 年"感知中国——古越科技行"

留学生参观新和成公司

5. 短期交换生

学校也是国（境）外高校学生来华短期交流、感知中国文化的重要基地。自 1993 年以来，累计有超过 4 000 名国（境）外高校学生到我校开展短期学习、交流和访问，其中 2013 年以来学校与德国斯图加特大学合作举办的中德联合班，采取"跨境移动课堂"、中德学生"同学习同生活"的联合培养模式，极大地提高了两国学生的跨文化认知和交流能力，受到中德双方校方、教师和学生的好评。

2008 年 6 月，学校举办中美韩三校暑期夏令营活动

2013 年 6 月，瑞典学生在学校参加为期一个月的夏令营活动

2014 年，新加坡学生来校参加为期一个月的交流学习活动

2016 年 9 月，与德国斯图加特大学合作的中德联合班第四期正式开班

2018 年 1 月，我校召开第二届来华留学生学术论文表彰大会

五、创办孔子学院，传播中国文化

2017 年 5 月，经批准我校承办白俄罗斯戈梅利国立大学孔子学院，同年 12 月 20 日，付梦印校长率团赴白俄罗斯参加戈梅利国立大学孔子学院揭牌仪式。孔子学院开办后，通过汉语文化教学、组织茶艺表演和科技论坛等系列活动，促进了白俄罗斯民众对中国传统文化和当代经济政治文化的了解和认知。

下篇 昭彰勋业担使命

第九章 博采众长 深化交流——国际合作促发展

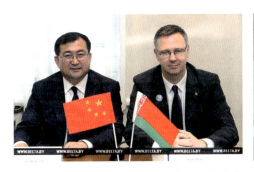

2017年12月，白俄罗斯戈梅利国立大学孔子学院揭牌仪式，付梦印校长率我校代表团参加

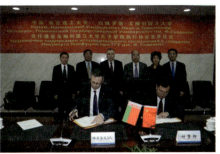

2017年12月，学校与白俄罗斯戈梅利国立大学合作建设戈梅利国立大学孔子学院执行协议签字仪式

2018年2月，南京理工大学——戈梅利国立大学孔子学院举办春节联欢会

2018年3月，戈梅利国立大学孔子学院学生在中国文化展示比赛中进行茶艺表演

第十章

把稳航向 凝心聚力——党建引领把方向

党的十九大开启了党和国家发展的新时代，以习近平同志为核心的党中央对深入推进党的建设伟大工程作出新的顶层设计。学校党委以习近平新时代中国特色社会主义思想为指导，深入学习贯彻党的十九大和十九届二中、三中全会精神，坚持社会主义办学方向，落实立德树人根本任务，履行"四个服务"大学使命，坚持党建与中心工作融合发展理念，突出政治建设，加强党对学校的全面领导，强化思想建设，增益办学育人的发展动能，夯实组织建设，建强攻坚克难的战斗堡垒，严格正风肃纪，压实管党治党的主体责任，有力推进全面从严治党向纵深发展，"基础、活力、作用、特色"一体化工作新格局初步形成，党组织的政治引领力、思想凝聚力、组织行动力、发展推动力持续增强，为建设"双一流"南京理工大学提供坚强的政治、思想和组织保证，不断开创新时代学校党建工作新局面。

一、全面学习贯彻党的十九大精神，加强党对学校的全面领导

坚持以政治建设为统领，坚决维护以习近平同志为核心的党中央权威和集中统一领导，坚定执行党的政治路线，严格遵守政治纪律和政治规矩，在政治立场、政治方向、政治原则、政治道路上同党中央保持高度一致。加强党建工作统筹谋划，强化顶层设计，进一步明确全校各级党组织作为"政治组织"的本质属性，提高政治站位，突出政治引领，强化"四个意识"（政治意识、大局意识、核心意识、看齐意识），进一步完善学院领导体制，加强党组织的全面领导和政治把关作用，严格执行《新形势下党内政治生活若干准则》，严肃基层党内政治生活，发展积极健康的党内文化，形成正气充盈的政治生态。

注：本章为2018年校史馆重新布展的展板更新内容。

下篇　昭彰勋业担使命

第十章　把稳航向　凝心聚力——党建引领把方向

《落实全面从严治党责任制责任书》签订仪式

党支部书记党性教育专题研修班（井冈山）

学习贯彻党的十九大精神干部轮训

二、系统强化新时代党的理论武装，筑牢办学育人的思想基础

把坚定理想信念作为党的思想建设的首要任务，教育引导全校党员牢记党的宗旨，解决好世界观、人生观、价值观这个"总开关"问题。通过扎实开展群众路线教育实践活动和"三严三实"专题教育，着力解决"四风"方面存在的突出问题，要求党员领导干部自觉当好忠诚、干净、担当的标杆。深化推进"两学一做"学习教育常态化制度化，纳入"三会一课"基本内容，坚持将固本铸魂作为第一标准，将立规守矩作为第一遵循，将担当尽责作为第一行动，将"四个合格"作为党员队伍建设的重要标准，将"五个合格"作为基层组织建设的基本遵循。在全校知识分子中深入开展"弘扬爱国奋斗精神、建功立业新时代"活动，激发全校知识分子的报国情怀、奋斗精神和

263

创造力，把各方面智慧和力量聚集到推进制造强国与网络强国建设和"双一流"南京理工大学的建设事业中来。思想教育取得重大进展，"四个意识"显著增强，"四个合格"成为自觉，基层党内政治生活和组织生活规范性达到近年来最好水平，党员和群众对基层党组织满意度达到95%以上。连续两年参加全国高校"两学一做"支部风采展示活动，我校获奖数目和等级连续两届蝉联工信部和江苏高校第一。

在第四届全国高校青年教师教学竞赛中张海玉和班涨分别荣获一等奖和三等奖

学校领导在江苏省教育系统"两学一做"常态化制度化推进会上做交流发言

三、认真执行新时代党的组织路线，提升基层党组织的组织力

贯彻执行新时代党的组织路线，以提升组织力为重点，加强基层组织标准化建设，健全基层组织体系，全面提升基层组织效能。

截止到2018年6月30日，学校共有二级党组织28个，党支部426个，党员7 766名，其中在岗职工党员2 381名，学生党员4 053名，离退休党员1 332名。

下篇　昭彰勋业担使命

第十章　把稳航向　凝心聚力——党建引领把方向

南京理工大学党员情况一览表（截止到2018年6月）

	党员总数	预备党员	女性党员	少数民族党员
在岗职工	2381	11	887	50
学生	4053	949	1792	138
离退休人员	1332	0	420	2
合计	7766	960	3099	190

推行"精准党建"，完善组织工作制度体系，规范学院领导体制，加强基层党组织标准化建设，实行分层分类精准指导，实施教师党支部书记"双带头人"培育工程，优化调整基层党组织设置，严肃基层组织生活，基层组织基础持续夯实。

推行"标杆党建"，在全校基层党组织推广"党建标杆管理"，配套开展"基层服务型党组织创优培育工程"，基层组织活力有效激发。

推行"质量党建"，坚持质量为第一标准，对党员群体提出分类指导标准，实施"教工党员知行工程""学生党员质量工程"，开展党员"亮身份、亮业绩、亮信条"活动，树立了以党的十九大代表王泽山院士为代表的一批优秀党员标杆，党员发挥作用日益凸显。

推行"创新党建"，鼓励基层创新，培育基层特色，开展"一院一品"党建品牌创建和"书记项目"管理，打造"百时奉献""党建标杆管理""一品三团""数学党建"等工作品牌，在工信部系统和江苏教育系统赢得了良好声誉，党建工作特色取得长足发展。

江苏省高校最佳党日活动一览表

年度	我校入选名单
2013年度	"学术领航 服务成长"——经济管理学院企业管理系教工党支部
	支部共建同圆科技梦 学术为本师生共成长——理学院2012级硕士研究生物理党支部
2014年度	"微"言"微"行立价值青春奉献正当时——计算机科学与工程学院2013级本科党支部
	"为了永不忘却的记忆"抗战遗址寻踪——能源与动力工程学院本科2012级、2013级联合党支部
2015年度	传奇独臂总师，不朽师德丰碑"祝榆生同志生平纪念展"主题党日活动——机关党委档案馆支部
	"重走抗战故地，谱写抗战微史册"纪念抗战胜利70周年主题党日活动——经济管理学院本科2012级党支部
2016年度	"亮身份讲台，作表率铸师魂"教师党员配党徽、进课堂主题党日活动——南京理工大学外国语学院党委
	"党员百日行动，遇见更美好的自己"——自媒体下的微习惯养成党日活动——设计艺术与传媒学院本科生党支部
2017年度	"不忘共产党员初心，牢记立德树人使命"教职工党员主题系列党日活动——自动化学院党委
	"行走的党课"习近平总书记系列重要讲话精神理论宣讲主题党日活动——经济管理学院本科学生党支部

1. 江苏省高校先进基层党组织标兵

能源与动力工程学院 810 党支部

2. 江苏省高校先进基层党组织

经济管理学院党委　　　　　　　　电子工程与光电技术学院党委

3. 江苏省高校优秀党务工作者

自动化学院党委　李涛　　工会　李春宏　　党委组织部　李军　　党委宣传部　季卫兵

4. 江苏省高校优秀共产党员

机械学院党委　何勇　　机械学院党委　张相炎　　电光学院党委　王建新　　计算机学院党委　田野

下篇 昭彰勋业担使命

第十章 把稳航向 凝心聚力——党建引领把方向

自动化学院党委
吴益飞

材料学院党委 徐锋

电光学院党委
宋乐（学生）

环生学院党委
宁丹（学生）

5. 党建奖项

"党建标杆管理"获江苏高校党建工作创新奖一等奖

"一品三团"获江苏高校党建工作创新奖一等奖

四、坚决落实中央八项规定精神，全面推进党风廉政建设

严格落实中央八项规定精神，出台《中共南京理工大学委员会关于深入贯彻落实中央八项规定精神的实施细则》，完善学校落实中央八项规定精神的系列制度，严格执行办公用房、用车、请假报批报备制度，严格经费管理，严肃财经纪律，规范公务出访，坚持不懈改作风、树新风。强化教育提醒，通过组织党内法规学习、通报违纪典型案例、举办警示教育报告会、印发《违纪违规典型案例》等形式，增强纪律意识。紧盯关键节点，通过发文、群发短信等方式向各级党组织和全体领导干部进行廉洁提醒，使清正廉洁、遵规守纪成为党员干部的自觉坚守。认真执行党风廉政建设责任制，层层签订责任书，压实管党治党责任。进一步加大执纪问责力度，发现问题，严肃追究有关人员责任，并进行通报和曝光，强化警示震慑效果。出台《南京理工大学深入开展廉政风险防控工作实施方案》，梳理单位职权清单，规范职权运行流程，严控风险，防患未然。

学校党委坚持以习近平新时代中国特色社会主义思想为指导,深入贯彻落实党的十九大精神,以"永远在路上"的坚韧干劲持续抓好作风建设,推动全面从严治党不断取得新成效,营造风清气正的校园环境,为加快"双一流"建设和各项事业健康快速发展提供坚强的政治保障。

校纪委集体学习十九届中央纪委二次全会精神

组织到江宁监狱开展警示教育活动

校纪委集体学习《中华人民共和国监察法》

南京理工大学警示教育大会

附 录

一、现任学校领导

▶ 张骏（1964—）

张骏
南京理工大学党委书记
（2019.04—）

1964年生，汉族，博士，研究员。1982年至1986年在西北工业大学电子工程系学习，获工学学士。1990年至1994年在西北工业大学管理学院学习，获管理学硕士。1995年至1999年在西北工业大学自动控制系学习，获工学博士。

历任西北工业大学校长办公室主任、研究生院常务副院长、长安校区管理委员会主任、发展计划处处长、校长助理，西北工业大学党委常委、副校长，西北工业大学党委副书记。2019年2月，任南京理工大学党委书记。

兼任中国高等教育学会理事、中国高等教育学会融合发展教育研究分会副理事长、陕西省社会科学界联合会副主席等，主持国家自然科学基金面上项目、应急项目等多项课题，获高等教育国家级教学成果奖一等奖、陕西省教学成果奖特等奖等。

▶ 付梦印（1964—）

付梦印
南京理工大学校长
（2015.06—）

内蒙古鄂尔多斯人，中共党员，教授、博士生导师。1987年7月参加工作，1998年6月加入中国共产党。1987年毕业于辽宁大学，获理学学士。1989年至1992年在北京理工大学自动控制系学习，获工学硕士。1998年至2000年在中国科学院测量与地球物理研究所学习，获工学博士。

历任北京理工大学信息科学技术学院常务副院长、计算机科学技术学院院长、软件学院院长、自动化学院院长，南京理工大学党委常委、副校长。2015年6月，任南京理工大学党委常委、校长。2017年7月，任南京理工大学党委副书记、校长。

长期从事智能组合导航、控制技术研究，承担了20多项重大装备建设和国家基础研究任务，获国家科技进步一等奖1项，国家科技进步二等奖2项、国家技术发明二等奖1项。出版专著11部，在国内外重要学术刊物上发表SCI论文40余篇、EI论文120余篇；授权发明专利40余项。2006年入选"新世纪百千万人才工程"国家级人选，2008年任教育部"创新团队发展计划"带头人、国防科技工业创新团队带头人，2009年受聘"长江学者奖励计划"特聘教授，2010年获第八届光华工程科技奖青年奖，2014年获得"何梁何利科技进步奖"，2017年获"全国创新争先奖"，获得国务院颁发的政府特殊津贴。

二、南京理工大学及其前身历任党委书记、校长

陈赓
军事工程学院院长
（1952.6—1961.3）
军事工程学院政治委员
（1952.6—1957.5）

刘居英
军事工程学院院长
（1961.3—1966.4）

谢有法
军事工程学院政治委员
（1957.5—1966.4）

附录

赵唯刚
军事工程学院炮兵
工程系主任
（1952.12—1959.10）

贺振新
炮兵工程系副主任、
政治委员
（1954.6—1960.6）

贾克
武昌高级军械技术
学校校长
（1956.2—1959）

廖成美
武昌高级军械技术学校
政治委员
（1956.2—1960.6）
炮兵工程学院政治委员
（1961.5—1966.4）

黄延卿
武昌高级军械技术
学校校长
（1960.1—1960.6）

孔从洲
炮兵工程学院院长
（1960.6—1964.6）

李仲麟
炮兵工程学院院长
（1964.7—1966.4）
华东工程学院院长
（1966.4—1968.8）
华东工程学院院长
（1981.1—1983.4）

齐陶
华东工程学院"革命
委员会"主任
（1968.9—1975.9）
华东工程学院党的
核心领导小组组长
（1970.11—1973.5）

周伯藩
华东工程学院党委书记
华东工程学院"革命
委员会"主任
（1975.9—1977.7）

霍宗嶽
华东工程学院党委书记
华东工程学院革命
委员会主任
（1977.7—1979.7）

明朗
华东工程学院党委书记
（1979.7—1983.12）
华东工程学院院长
（1979.7—1981.1）

冯缵刚
华东工程学院院长
（1983.4—1984.10）
华东工学院院长
（1984.10—1988.1）

汪寅宾
华东工程学院党委书记
（1983.12—1984.10）
华东工学院党委书记
（1984.10—1988.1）

曲作家
华东工学院党委书记
（1988.1—1993.4）
南京理工大学党委书记
（1993.4—1996.1）

李鸿志
华东工学院院长
（1988.1—1993.4）
南京理工大学校长
（1993.4—2000.3）

▶ 徐复铭（1946—）

　　上海市人，教授、博士生导师。1963年8月考入炮兵工程学院，1968年9月毕业于华东工程学院三系并分入抚顺矿务局工作，先后任秘书、技术员。1978年10月入华东工程学院就读研究生，1981年11月毕业并获得硕士学位，留校任教。历任教研室副主任、主任、华东工学院三系副主任、化工学院副院长、校长助理、副校长、校党委书记、南京理工大学校长。1987年9月起作为访问学者公派赴瑞典隆德大学进修三年。1991年获国务院特殊津贴，2000年获江苏省有突出贡献的中青年专家称号，2005年获英国考文垂大学名誉科学博士学位。

　　先后被聘任为：中国兵工学会副理事长、中国和平利用军工技术协会常务理事、江苏省军工学会理事长、中国高教学会常务理事、江苏省高教学会副会长、《火炸药学报》编委、总装火药专业组顾问。

徐复铭
南京理工大学党委书记
（1996.01—2000.03）
南京理工大学校长
（2000.03—2006.12）

南理工记忆

▶ 郑亚（1952—）

　　江苏省阜宁人，1972年加入中国共产党，任西北工业大学教授、博士生导师，南京理工大学教授、博士生导师。

　　1970年在江苏省赣榆县插队，1973年9月进入华东工程学院二系火箭专业学习，1977年1月起历任华东工程学院二系教师、二系副主任（其间于1985年6月赴法国国立高等航空和机械学院学习，获博士学位），1992年6月起历任南京理工大学研究生部副主任、人事处处长、校长助理，南京理工大学党委副书记、纪委书记，南京理工大学党委书记，西北工业大学党委常务副书记、常务副校长，2011年任江苏省通信管理局巡视员。曾作为高级访问学者在法国巴黎第二大学，巴黎第六大学学习。享受国务院颁发政府特殊津贴，是国防科工委"511人才工程"高级管理人才，江苏省有突出贡献的中青年专家。

郑亚
南京理工大学党委书记
（2000.03—2006.03）

▶ 王晓锋（1962—）

　　黑龙江省哈尔滨市人，工学博士，教授，博士生导师。1983年5月加入中国共产党。1988年3月留校工作后，先后担任南京理工大学教务处教务科科长、副处长、处长，2000年3月出任南京理工大学党委副书记兼副校长。2006年3月出任南京理工大学党委书记。2006年12月转任南京理工大学校长。2016年1月任北京理工大学党委常委、副校长。

　　兼任中国兵工学会副理事长、教育部科技委员会委员、江苏省系统工程学会理事长、国家"绕月探测工程科学应用专家委员会"专家，国防"973项目"技术首席等学术职务，被授予白俄罗斯戈梅利国立大学名誉博士学位，是国防科技工业"511人才工程"高级管理人才，江苏省第十届政协委员。

王晓锋
南京理工大学党委书记
（2006.03—2006.12）
南京理工大学校长
（2006.12—2015.06）

附录

▶ 陈根甫（1952—）

浙江省鄞县人，生于北京。研究生学历，工学硕士学位，清华大学兼职教授。1971年10月加入中国共产党。1969年至1973年在中国人民解放军黑龙江生产建设兵团从事农工、文书、代司务长工作。1977毕业于清华大学核反应堆工程专业。1987年就读于上海交通大学工业管理专业，1989年研究生毕业。历任核工业第二研究设计院技术员、助理工程师、核工业部部领导秘书、国家计委国防司干部、国家计委国防司主任科员、副处长、处长、副司长、国防科工委综合计划司副司长、司长、副秘书长等职务。2006年12月出任南京理工大学党委书记。长期从事国防科技工业的规划和重大工程的组织管理工作，先后荣获国防科工委"人民满意公务员""优秀共产党员""优秀党务干部"称号。

陈根甫
南京理工大学党委书记
（2006.12—2013.03）

▶ 尹群（1958—）

江苏省盐城市人，中共党员，教授。1975年9月参加工作，1987年9月加入中国共产党。1982年7月毕业于南京大学数学系数学专业，任华东工学院数学老师。历任应用数学系副主任、教务处副处长、人事处处长、发展规划处处长、校长助理兼学校办公室主任、校长助理兼教务处处长、校长助理兼组织部部长、南京理工大学副校长。2013年3月起任南京理工大学党委书记。

先后获得国务院政府特殊津贴、全国优秀教师、机电部青年教师教书育人工作优秀奖、江苏省优秀教学成果二等奖、中国兵工学会先进工作者、江苏省委组织部"333工程"培养对象等十余项校级及以上奖励和荣誉称号。

尹群
南京理工大学党委书记
（2013.3—2019.04）

275

三、部分杰出校友（2018年）

1. 两院院士

任新民　　　　陆埮　　　　邢球痕　　　　王兴治　　　　刘怡昕

潘德炉　　　　崔向群　　　　田禾　　　　卢柯　　　　陈志杰

宣益民　　　　李应红

2. 共和国将军

林胜国　　　　施鹏九　　　　赵子立　　　　王秉芹　　　　王成科

池俊　　　　潘培泰　　　　冷韶昭　　　　朱宗德　　　　高满光

王济涵　　　冯瑛璞　　　崔儒勇　　　刘树海　　　阮克庠

徐海康　　　肖崇光　　　张士华　　　范晓光　　　韩延林

刘长银　　　雷红雨　　　金越力

3. 中央省部级领导

张维民　　　吴冬华　　　彭宏松　　　刘平均　　　卢展工

刘国中　　　陈肇雄　　　陆明　　　吴瑞林　　　洪慧民

张国清　　赵建才　　邵占维　　何泽华　　蒋定之

罗一民　　吴志明

4. 企业家

王德臣　　李邦良　　崔学文　　周胜利　　秘波海

杨安国　　聂晓夫　　李晋宁　　龚艳德　　陈冰

王晓岩　　王大威　　史仲敏　　朱献国　　谢大雄

袁永彬	邹文超	王明喜	贾宏谦	秦亚良
白忠泉	李华光	赵德恩	张利刚	李春建
尹瑛	刘烈宏	吴涵渠	李军	徐直军

周江	石磊	郑永刚	曾毅	邓智尤

陶魄	朱跃良	许洪祥	郭兆海	夏平

温刚

5. 大学校（院）领导（校外）

周炳秋　　　　赵忠令　　　　葛锁网　　　　郑亚　　　　刘丽华

姜建中　　　　朱拓　　　　张旭翔　　　　王乃国　　　　魏应彬

潘成胜　　　　张新科　　　　秦士嘉　　　　武海顺　　　　孙爱武

张元　　　　史国栋　　　　郭广银　　　　马长世　　　　黄捷

华洪兴　　　　钱东东　　　　葛世伦　　　　王晓锋　　　　龚方红

夏飞

6. 专家学者

祝榆生　　　　刘云飞　　　　吴克利　　　　闫大鹏　　　　钟国富

王剑波　　　　黄长强　　　　张弘　　　　姜羲　　　　王雪梅

黄雪鹰　　　　马晶　　　　韩珺礼　　　　汪小帆

7. 海外校友

段孟交　　　阮文同　　　沈善普　　　张平　　　张齐军

徐勤　　刘德荣　　周孟初　　王路明　　王子栋　　王梅凌

附录

后　记

　　南京理工大学隶属于工业和信息化部，学校历史可追溯到1953年在哈尔滨创建的中国人民解放军军事工程学院，如今已走过68年的发展历程。学校档案馆馆藏档案真实记录了学校历史、学科发展、师生风貌、历史成就等内容，同时也为学校决策咨询、教学科研、校史展览、党建工作、文化传承等工作提供大量的参考资料。

　　2018年，学校档案馆为迎接校庆65周年，对原有校史馆进行重新布展，查阅了大量的馆藏档案资料，并进行了实物征集工作，汇编了一批重要历史资料。经过这些努力，不仅丰富了馆藏档案资源，优化了馆藏结构，拓展了馆藏内容，而且通过校史馆的展示工作，不断弘扬学校光荣传统，对于推动学校师德学风建设，促进学校党建工作和繁荣校园文化，都起到了积极作用，彰显了学校档案文化的独特魅力！

　　立足丰富的馆藏基础，做好校史编纂工作，不仅是对学校光辉历程的回顾，也是对未来工作的一种责任。该项工作能够充分发挥校史"以史为鉴、文化传承、启迪后人"的重要作用，梳理南理工走过的历程，凝练学校以"献身"为核心的价值观，传承校园文化精神，促进学校"双一流建设"，同时也为今后更好地研究校史和便于社会各界深入了解和关注学校发展服务。

　　校史编纂力求客观真实，详略得当，因而任务艰巨，意义重大，涉及诸多工作内容与细节流程。在前期论证、资料搜集、材料整合、文字斟酌、意见梳理、内容编印、书稿出版过程中，编纂小组得到校领导、学校各部门、老教师、各界校友，以及国防科技大学校史馆、哈尔滨工程大学档案馆、东南大学出版社等多方大力支持！本书凝聚着所有参与人员的汗水与心血，在此一并表示感谢！

　　本书由何振才担任主编，周荣、孙惠惠、李梦瑶、李广都、宗士增担任副主编。编委们各司其职，协力合作，共同完成编纂任务。经小组成员讨论，全书以时间为叙述脉络，共分为两大部分，第一部分为历史篇，涵括哈尔滨军事工程学院、炮兵工程学院、华东工程学院及华东工学院四个历史发展阶段，在全景式展现各时期发展主线与重大校史事件的同时，又重点突出每一时期的发展特色。第二部分为成果篇，以 1993 年学校正式更名为南京理工大学作为叙述起点，聚焦于能够反映该阶段学校传承开拓、续创辉煌的校史事件，及在学科建设、人才培养、科技工作、师资队伍、对外合作与交流、党建、思政与精神文明等方面的建设成果。

　　由于本书编写人员水平有限，书中难免存在一些疏漏，欢迎大家批评、指正，以便我们今后更好地改进工作，高质量地完成校史编研和展览工作，并借助校史编研成果，积极传承南理工精神，弘扬南理工文化，不断提升学校社会声誉和影响力！

《南理工记忆》编纂组

2021 年 4 月